コミック版 日本の歴史67

戦国人物伝
藤堂高虎

The Legendary Heroes of the Era of Wars
Takatora Todo

企画・構成・監修：加来耕三
原作：水谷俊樹
作画：横山 仁

《おもな登場人物《とうじょうじんぶつ》》

羽柴秀長《はしばひでなが》

羽柴《はしば》（のち豊臣《とよとみ》）秀吉《ひでよし》の弟《おとうと》であり、その天下《てんか》取《と》りを支《ささ》えた右腕《みぎうで》。石運《いしはこ》びで日銭《ひぜに》を稼《かせ》いでいた高虎《たかとら》の武勇《ぶゆう》を認《みと》めて家臣《かしん》とし、多《おお》くのことを学《まな》ばせて様々《さまざま》な役目《やくめ》を与《あた》え、城持《しろも》ち大名《だいみょう》にまでする。だが、秀吉《ひでよし》が天下統一《てんかとういつ》を果《は》たすとすぐに病死《びょうし》してしまい、豊臣政権《とよとみせいけん》はその大《おお》きな支《ささ》えを失《うしな》うこととなる。

藤堂高虎《とうどうたかとら》

武勇《ぶゆう》が自慢《じまん》の地侍《じざむらい》の子《こ》。多《おお》くの主君《しゅくん》に仕《つか》えるが、能力《のうりょく》を認《みと》めてもらえずにいた。ある時《とき》、羽柴《はしば》（のち豊臣《とよとみ》）秀吉《ひでよし》の弟《おとうと》・羽柴秀長《はしばひでなが》に仕《つか》え、武勇《ぶゆう》だけでなく学問《がくもん》も重要《じゅうよう》だと教《おし》えられる。算術《さんじゅつ》・鉄砲《てっぽう》・築城《ちくじょう》など多《おお》くを学《まな》んだ高虎《たかとら》は、知勇兼備《ちゆうけんび》の武将《ぶしょう》となり、ついには伊勢津藩初代藩主《いせつはんしょだいはんしゅ》にまで出世《しゅっせ》する。

浅井長政《あざいながまさ》

北近江《きたおうみ》の戦国大名《せんごくだいみょう》。藤堂《とうどう》親子《おやこ》が仕《つか》えようとしていた。織田信長《おだのぶなが》と同盟《どうめい》していたが、越前国《えちぜんのくに》の朝倉義景《あさくらよしかげ》と組《く》んで信長《のぶなが》と対立《たいりつ》し、滅《ほろ》ぼされる。

藤堂虎高《とうどうとらたか》

高虎《たかとら》の父《ちち》。北近江《きたおうみ》の地侍《じざむらい》。かつては甲州《こうしゅう》の武田家《たけだけ》に仕《つか》えていたともいわれている。

とら

高虎《たかとら》の母《はは》。少《すこ》し粗野《そや》な高虎《たかとら》や、酒《さけ》を飲《の》んで昔《むかし》の話《はなし》ばかりする夫《おっと》・虎高《とらたか》を、やさしく見守《みまも》る。

餅屋《もちや》の主人《しゅじん》

三河国《みかわのくに》で餅屋《もちや》を営《いとな》む。無一文《むいちもん》で放浪《ほうろう》していた高虎《たかとら》が、売《う》り物《もの》の餅《もち》を食《た》べてしまったのを許《ゆる》したばかりか、旅費《りょひ》の銭《ぜに》まで貸《か》し与《あた》える。

藤堂高則《とうどうたかのり》

高虎《たかとら》の兄《あに》で長男《ちょうなん》。学問《がくもん》が好《す》きで高虎《たかとら》にも学問《がくもん》の大切《たいせつ》さを教《おし》えるが、若《わか》くして戦死《せんし》する。

藤堂《とうどう》高刑《たかのり》

高虎《たかとら》の甥《おい》。関ヶ原《せきがはら》の合戦《かっせん》で、敗軍《はいぐん》の将《しょう》となった大《おお》谷吉継《たによしつぐ》の家臣《かしん》・湯浅五《ゆあさご》助《すけ》と、命《いのち》をかけた約束《やくそく》をし、それを果《は》たす。

豊臣《とよとみ》(羽柴《はしば》)秀吉《ひでよし》

羽柴秀長《はしばひでなが》の兄《あに》で主君《しゅくん》。百《ひゃく》姓《しょう》から身《み》を立《た》て、織田信《おだのぶ》長《なが》に仕《つか》え出世《しゅっせ》する。信長《のぶなが》が明智光秀《あけちみつひで》に攻《せ》められ自決《じけつ》すると、すぐに光秀《みつひで》を討《う》ち破《やぶ》り、各地《かくち》を平定《へいてい》して天下人《てんかびと》となる。晩年《ばんねん》は、明《みん》や朝鮮《ちょうせん》の征服《せいふく》をもくろむ。

石田《いしだ》三成《みつなり》

秀吉《ひでよし》の家臣《かしん》で、豊臣政権《とよとみせいけん》を支《ささ》えた五奉行《ごぶぎょう》の一人《ひとり》。秀吉《ひでよし》の死後《しご》、徳川家康《とくがわいえやす》と対立《たいりつ》し、関ヶ原《せきがはら》の合戦《かっせん》で対決《たいけつ》する。

大谷《おおたに》吉継《よしつぐ》

豊臣秀吉《とよとみひでよし》の家臣《かしん》。関ヶ原《せきがはら》の合戦《かっせん》では、友人《ゆうじん》の石田《いしだ》三成側《みつなりがわ》の将《しょう》として采配《さいはい》を振《ふ》るうが、高虎《たかとら》の軍《ぐん》に攻《せ》められ、敗《やぶ》れる。

徳川《とくがわ》家康《いえやす》

三河国《みかわのくに》の戦国大名《せんごくだいみょう》。天下統一《てんかとういつ》間近《まぢか》の豊臣秀吉《とよとみひでよし》に従《したが》い、豊臣政権《とよとみせいけん》の五大老筆頭《ごたいろうひっとう》となる。己《おのれ》の役割《やくわり》に誠実《せいじつ》な高虎《たかとら》にほれ込《こ》み、秀吉《ひでよし》の死後《しご》、日本軍《にほんぐん》の朝鮮撤兵《ちょうせんてっぺい》を任《まか》せた。関ヶ原《せきがはら》の合戦《かっせん》で徳川側《とくがわがわ》として奮戦《ふんせん》するなど、徳川《とくがわ》に尽《つ》くした高虎《たかとら》を深《ふか》く信頼《しんらい》し、江戸幕府《えどばくふ》を開《ひら》いて将軍《しょうぐん》となったのちも、その意見《いけん》を聞《き》いた。

本多《ほんだ》忠勝《ただかつ》

幼《おさな》い時《とき》から徳川家康《とくがわいえやす》に仕《つか》える、譜代《ふだい》の戦国大《せんごくだい》名《みょう》。徳川四天王《とくがわしてんのう》の一人《ひとり》で、勇猛《ゆうもう》で知《し》られる。

阿閉《あつじ》貞征《さだゆき》

近江国山本山城《おうみのくにやまもとやまじょう》の城主《じょうしゅ》。武勇一辺倒《ぶゆういっぺんとう》の高虎《たかとら》を利《り》用《よう》しようとする。

湯浅《ゆあさ》五助《ごすけ》

大谷吉継《おおたによしつぐ》の家臣《かしん》。関ヶ原《せきがはら》の合戦《かっせん》で敗《やぶ》れ、切腹《せっぷく》した吉継《よしつぐ》を介錯《かいしゃく》し、その首《くび》を隠《かく》す。

コミック版《ばん》 日本《にほん》の歴史《れきし》67

戦国人物伝《せんごくじんぶつでん》

藤堂高虎《とうどうたかとら》

もくじ

※この作品《さくひん》は、歴史文献《れきしぶんけん》をもとにまんがとして再構成《さいこうせい》したものです。
※ 本編《ほんぺん》では、人物《じんぶつ》の年齢表記《ねんれいひょうき》はすべて数《かぞ》え年《どし》とします。
※ 本編《ほんぺん》では、人物《じんぶつ》の幼名《ようみょう》など、名前《なまえ》を一部省略《いちぶしょうりゃく》しております。

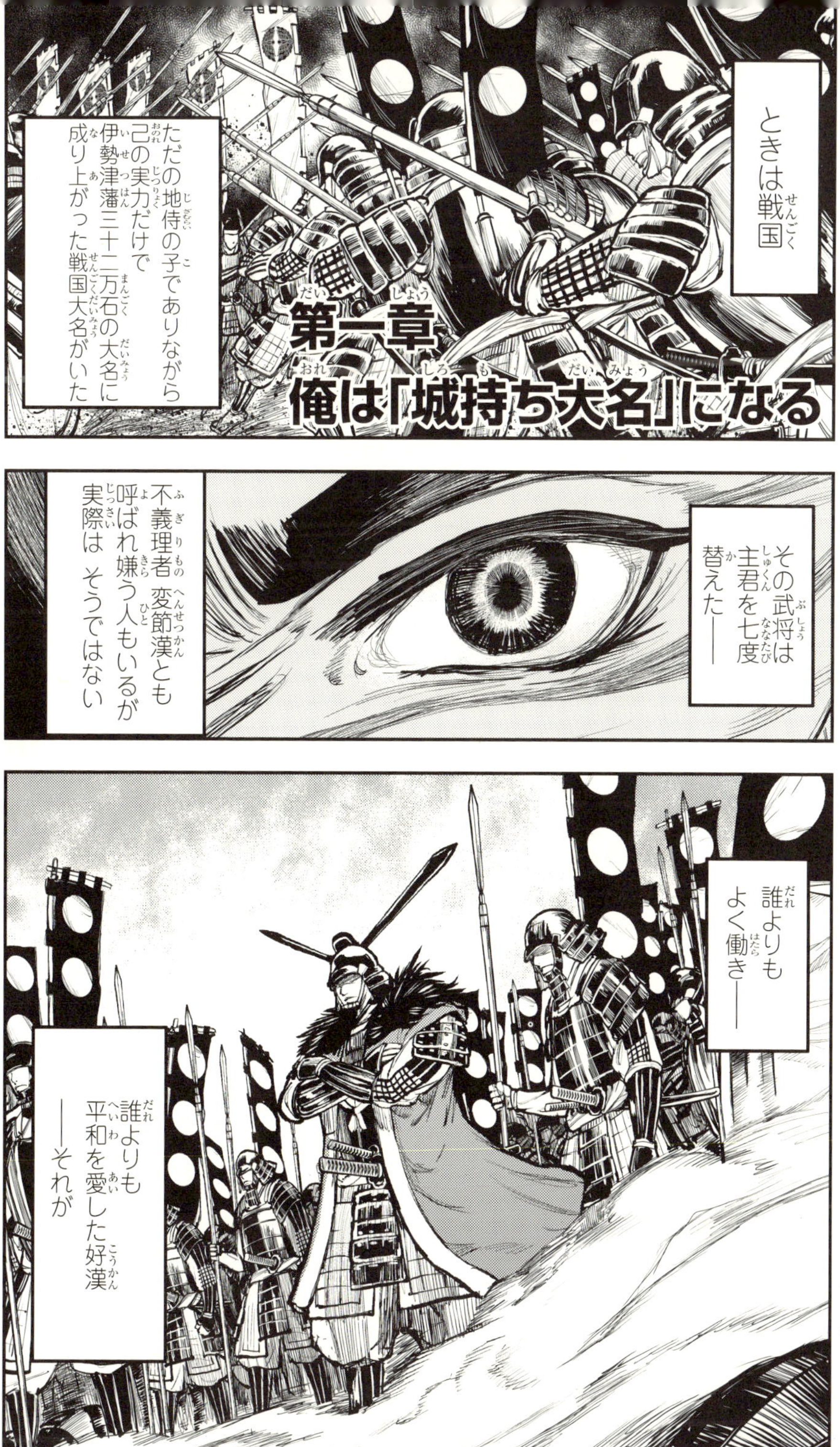
ときは戦国《せんごく》
第《だい》一章《しょう》
俺《おれ》は「城《しろ》持《も》ち大《だい》名《みょう》」になる
ただの地侍《じざむらい》の子《こ》でありながら己《おのれ》の実力《じつりょく》だけで伊勢《いせ》津藩《つはん》三十二万石《まんごく》の大名《だいみょう》に成《な》り上《あ》がった戦国大名《せんごくだいみょう》がいた
その武将《ぶしょう》は主君《しゅくん》を七度《ななたび》替《か》えた――
不義理者《ふぎりもの》 変節漢《へんせつかん》とも呼《よ》ばれ嫌《きら》う人《ひと》もいるが実際《じっさい》は そうではない
誰《だれ》よりもよく働《はたら》き――
誰《だれ》よりも平和《へいわ》を愛《あい》した好漢《こうかん》――それが

地侍…中世や近世で村落を支配した豪族 土豪
伊勢…伊勢国 現在の三重県の北中部
津藩…現在の三重県津市に藩庁(役所)を置いた藩

藤堂高虎《とうどうたかとら》
である
弘治《こうじ》二（1556）年《ねん》
近江国犬上郡《おうみのくにいぬかみごおり》
藤堂村《とうどうむら》
藤堂高虎《とうどうたかとら》は
父《ちち》・虎高《とらたか》 母《はは》・とらの
次男《じなん》として生《う》まれた

近江国《おうみのくに》　現在《げんざい》の滋賀県《しがけん》。
犬上郡藤堂村《いぬかみごおりとうどうむら》　現在《げんざい》の滋賀県犬上郡甲良町《しがけんいぬかみぐんこうらちょう》。

ばくっ
ばくばくっ
ばくっ
藤堂与吉《とうどうよきち》(のちの高虎《たかとら》)13歳《さい》
むしゃむしゃ
ガツッ ガツッ
母上《ははうえ》おかわり！
飯櫃《めしびつ》ごと食《た》べて……それで全部《ぜんぶ》よ
そんな！まだ腹二分目《はらにぶんめ》だよ！
……
兄《あに》 高則《たかのり》
はっはっは！よい食《く》いっぷりだなぁ 与吉《よきち》は！

飯櫃…飯を入れる木製の器。おひつ

いっぱい食《く》って大《おお》きくなれよ
俺《おれ》の漬物《つけもの》をやろう
父《ちち》 虎高《とらたか》
ありがとう父上《ちちうえ》！
俺《おれ》は若《わか》い頃《ころ》……
甲州《こうしゅう》武田《たけだ》家《け》に仕《つか》えておってな
ある戦《いくさ》で活躍《かつやく》して武田信玄公《たけだしんげんこう》の父《ちち》・信虎公《のぶとらこう》より直々《じきじき》に「虎《とら》」の字《じ》を賜《たまわ》ったんだ
ひっく
それを……
それを周《まわ》りの者《もの》に嫉妬《しっと》されて居《い》づらくなったのよね
母《はは》 とら
そうだ

あのまま武田家《たけだけ》に残《のこ》っていればもう少《すこ》し出世《しゅっせ》して……
お前《まえ》らに腹《はら》いっぱい飯《めし》を食《く》わせてやれたんだがなぁ……
安心《あんしん》しろ父上《ちちうえ》
俺《おれ》が大《おお》きくなったらいつか父上《ちちうえ》を雇《やと》ってやるから
俺《おれ》は「城持《しろも》ち大名《だいみょう》」になるんじゃ
城持《しろも》ち……
大名《だいみょう》⁉
カリッ

おうっ！
ぼりぼりぼりっぼりっ
ぼりぼりぼり
くっちゃくっちゃ
くっちゃくっちゃ
バシッ
そーか
そーか！
はっはっは！
そりゃ
楽《たの》しみだなぁ！

元服…男子が成人する儀式で だいたい十一～十七歳の間に行われた

ガキの命《いのち》が
惜《お》しかったら
食《く》い物《もの》と金目《かねめ》の物《もの》を
持《も》って来《こ》い！
あと 酒《さけ》だ！
わしの娘《むすめ》を
どうか助《たす》けて
ください
うむ……
二人《ふたり》か……
手強《てごわ》そうだな
高則《たかのり》……
お前《まえ》なら
どう攻《せ》める
そうですね
私《わたし》なら……
……って
あれは!?
サッ
女子《おなご》を人質《ひとじち》に
とるとは
卑怯千万《ひきょうせんばん》！

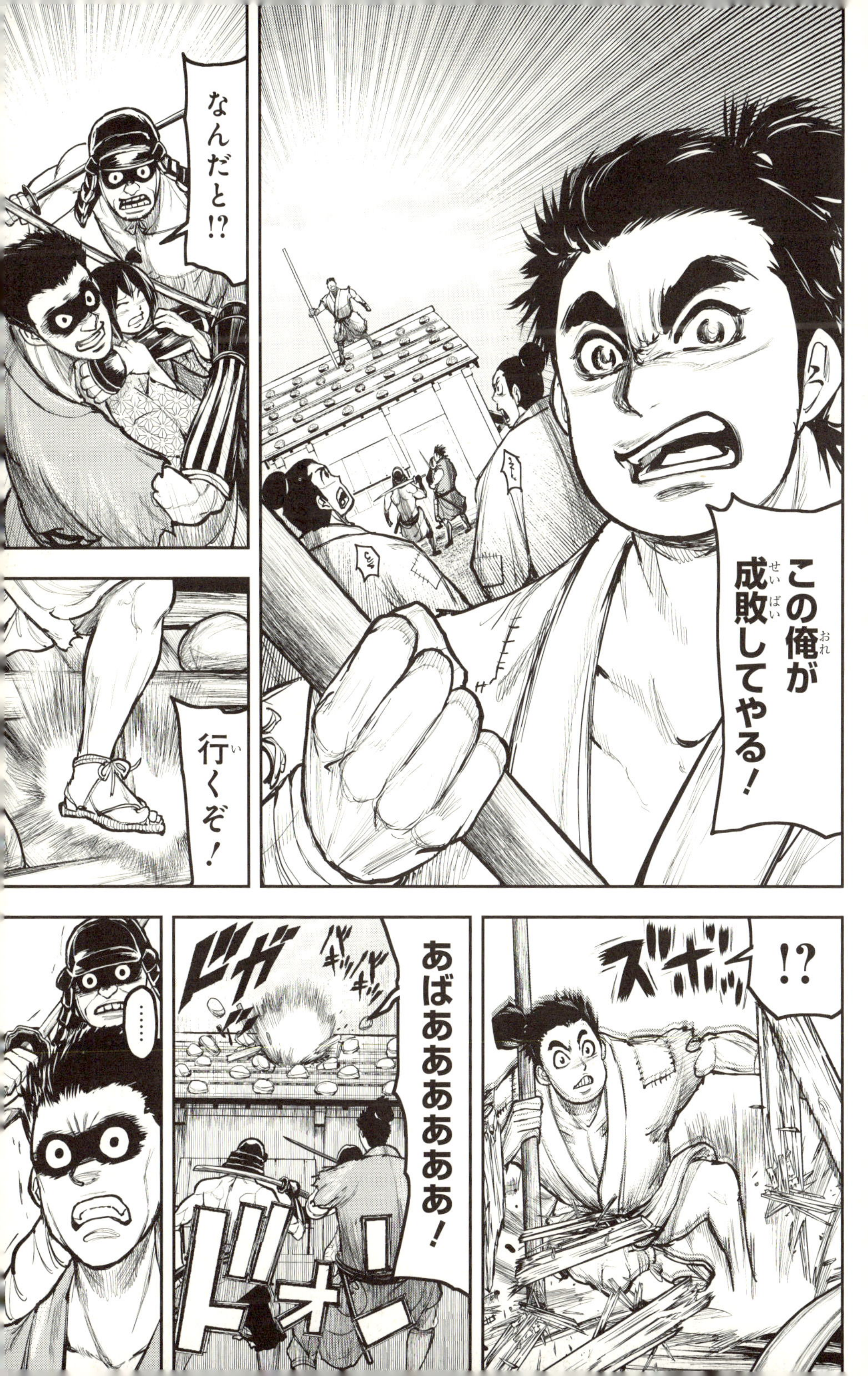
この俺《おれ》が成敗《せいばい》してやる!
なんだと!?
行《い》くぞ!
ズザッ
!?
ドガ
バキッバキッ
あばあああああ!
ドオーン
……

ズウゥウン
……バカ……
……
…う～く～…
ゲホッ
ゲホッ
う～
いでで……
え？
ぬっ

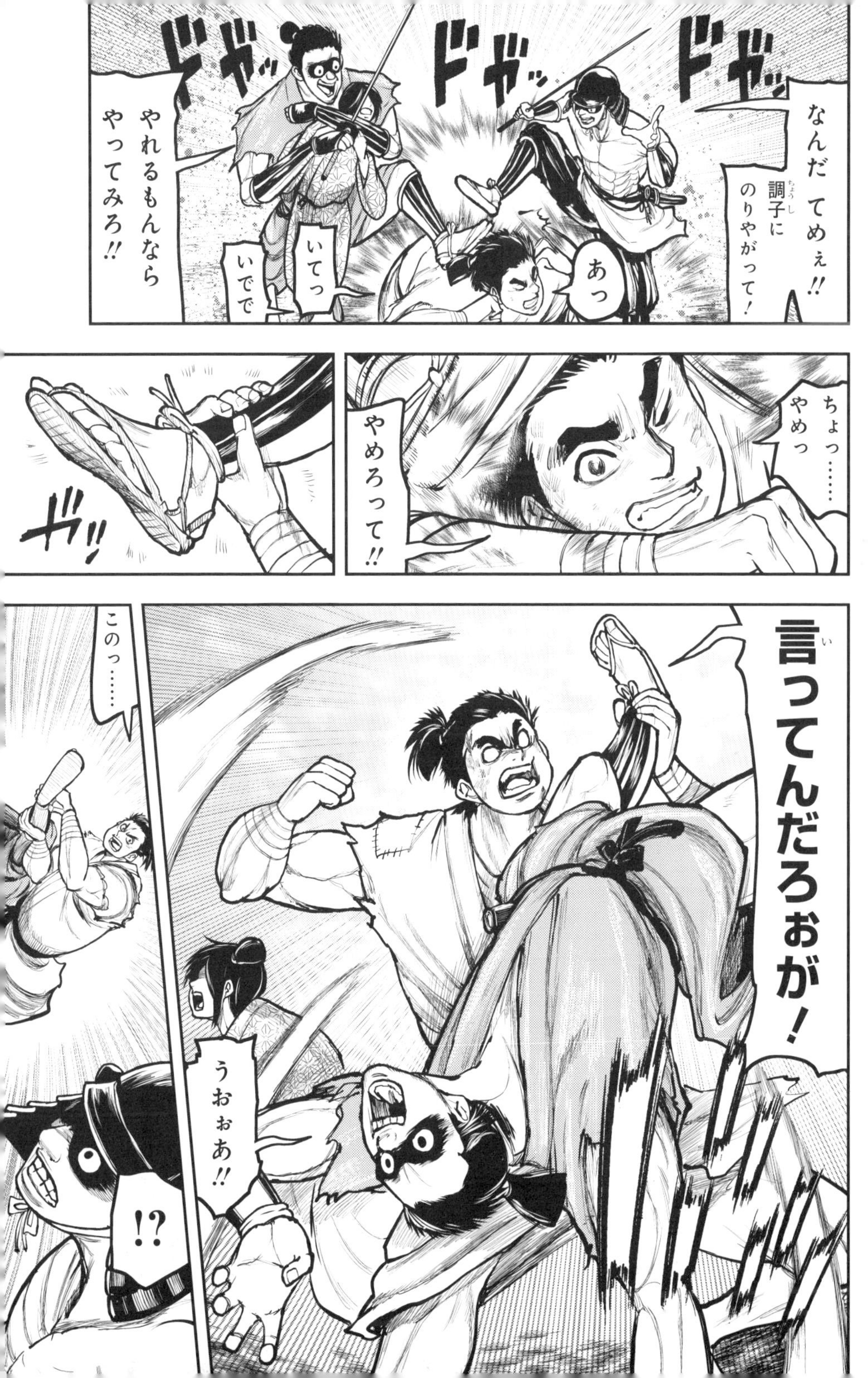
ドガッ
なんだ てめぇ!!
調子《ちょうし》に のりやがって!
ドガッ
あっ
いてっ
いでで
ドガッ
やれるもんなら やってみろ!!
ちょっ…… やめっ
やめろって!!
ガッ!!
言《い》ってんだろぉおが!
このっ……
うおぉあ!!
!?

ちばわ!
がん!!
あ……

この村《むら》は俺《おれ》が守《まも》る！
おおおおお
すげぇえ！
賊《ぞく》を……ぶん投《な》げたぞ!!
助《たす》かりました
あれは虎《とら》さんの次男坊《じなんぼう》か……
無駄《むだ》なけがをして……屋根《やね》の上《うえ》から落《お》ちてこなくとも
へへへ……

賢《かしこ》い兄《あに》と勇敢《ゆうかん》な弟《おとうと》 こりゃ二人《ふたり》とも将来《しょうらい》が楽《たの》しみじゃなぁ
いやぁ……それほどでも……
うまくいったからよかったものの 下手《へた》したら人質《ひとじち》もお前《まえ》もやられていたぞ しっかりと作戦《さくせん》を立《た》てた上《うえ》で……
そんなんじゃ城持《しろも》ち大名《だいみょう》になんてなれないぞ？
そのことなんだが兄上《あにうえ》
ズコーン
どうすりゃ城持《しろも》ち大名《だいみょう》になれるんだ？

お前《まえ》……
知《し》らないで
言《い》ってたのかよ……
えへへ
しょうがないなぁ
……教《おし》えてやるよ
これは？
城持《しろも》ち大名《だいみょう》に
なるということは
たくさんの家来《けらい》を
持《も》つということだ
家来《けらい》を率《ひき》いて
戦《たたか》う方法《ほうほう》が　この本《ほん》――
『孫子《そんし》』に書《か》いてある
要《よう》は
武勇《ぶゆう》だけでは
だめってことだ
兄上《あにうえ》
この本《ほん》……
ほう……早速《さっそく》
兵法《へいほう》の極意《ごくい》を
つかんだか

ズコーン
何《なに》書《か》いてあるか
さっぱりわからん！
ニヘヘ…
そうだなあ……
与吉《よきち》は　まず
文字《もじ》の読《よ》み書《か》きから
始《はじ》めようか
ガーー
ズスッ
あっ!?

ぎゃあああ……
できない……
できないよぉ!!
俺《おれ》に学問《がくもん》は無理《むり》じゃ!
槍《やり》を振《ふ》り回《まわ》しているほうが楽《らく》じゃあ!!
大丈夫《だいじょうぶ》 勉学《べんがく》はおもしろい
まったく おもしろくねぇって! 苦《くる》しくて死《し》にそうだよ!
お前《まえ》が教養《きょうよう》まで身《み》に着《つ》けたら……さぞ無敵《むてき》なんだろうがなぁ……
……………
なぁ 与吉《よきち》……

俺《おれ》も出世《しゅっせ》するぞ
俺《おれ》が勉強《べんきょう》をみてやる
だから二人《ふたり》で出世《しゅっせ》して
二人《ふたり》で藤堂家《とうどうけ》を大《おお》きくしようぜ！
兄上《あにうえ》……
……うん
グッ

よし！そうと決《き》まれば始《はじ》めるぞ！
今日《きょう》から徹底的《てっていてき》に勉強《べんきょう》だ!!
ひいいいいっ!!
目《め》指《ざ》
城《しろ》持《も》ち
大《だい》名《みょう》

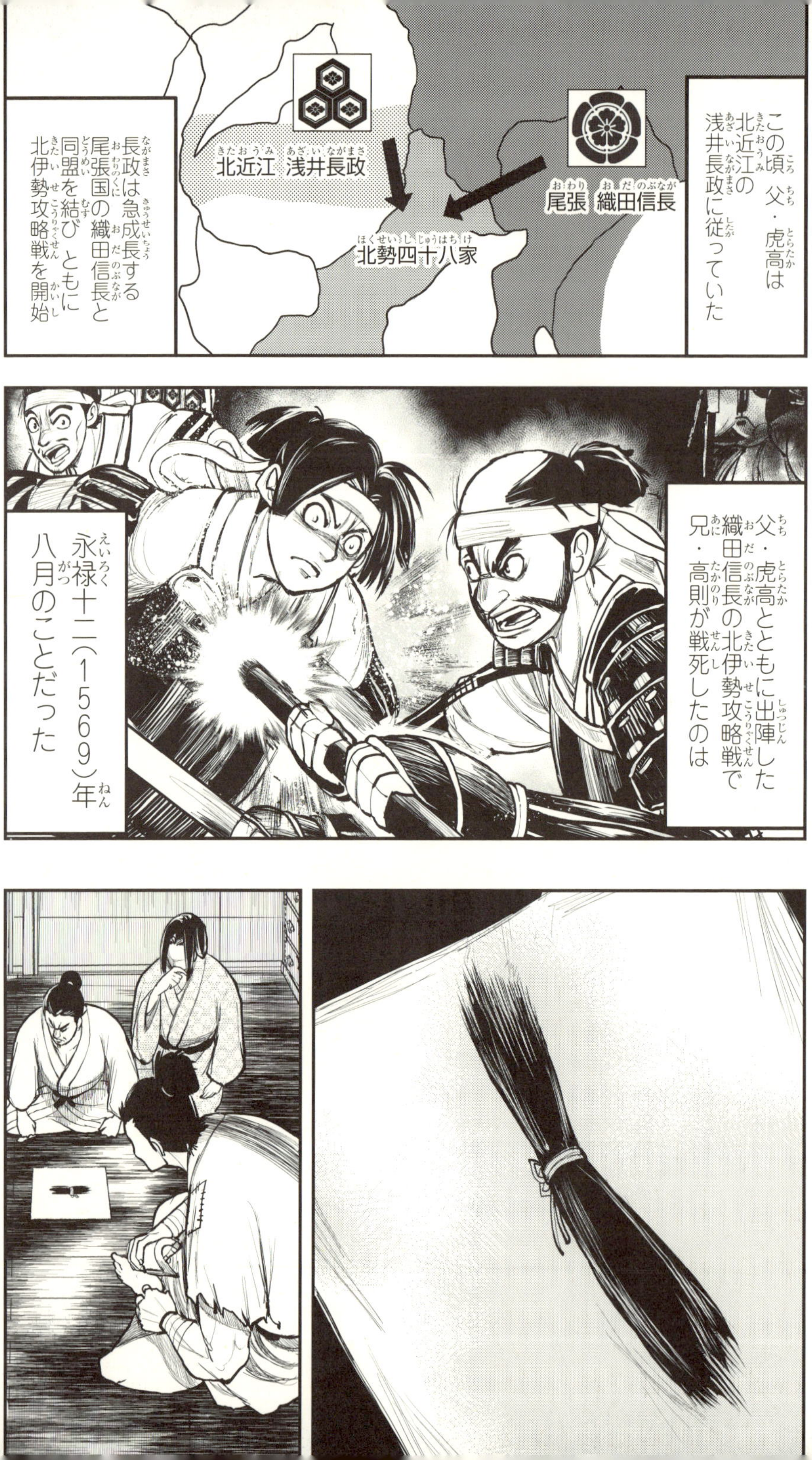
この頃《ころ》 父《ちち》・虎高《とらたか》は
北近江《きたおうみ》の
浅井長政《あざいながまさ》に従《したが》っていた
尾張《おわり》 織田信長《おだのぶなが》
北近江《きたおうみ》 浅井長政《あざいながまさ》
北勢四十八家《ほくせいしじゅうはちけ》
長政《ながまさ》は急成長《きゅうせいちょう》する
尾張国《おわりのくに》の織田信長《おだのぶなが》と
同盟《どうめい》を結《むす》び ともに
北伊勢攻略戦《きたいせこうりゃくせん》を開始《かいし》
父《ちち》・虎高《とらたか》とともに出陣《しゅつじん》した
織田信長《おだのぶなが》の北伊勢攻略戦《きたいせこうりゃくせん》で
兄《あに》・高則《たかのり》が戦死《せんし》したのは
永禄《えいろく》十二(1569)年《ねん》
八月《がつ》のことだった

くそ……
ググッ
なんだよ……
ググッ
一緒《いっしょ》に
がんばるって
言《い》ったのに……
くそったれがぁ!!
ダッ
与吉《よきち》ぃ!!
ガッ

ザァァァァ
バシャ
バシャ
おおお
ブン
ジャッ
うああああああ
オオオ
ビュ

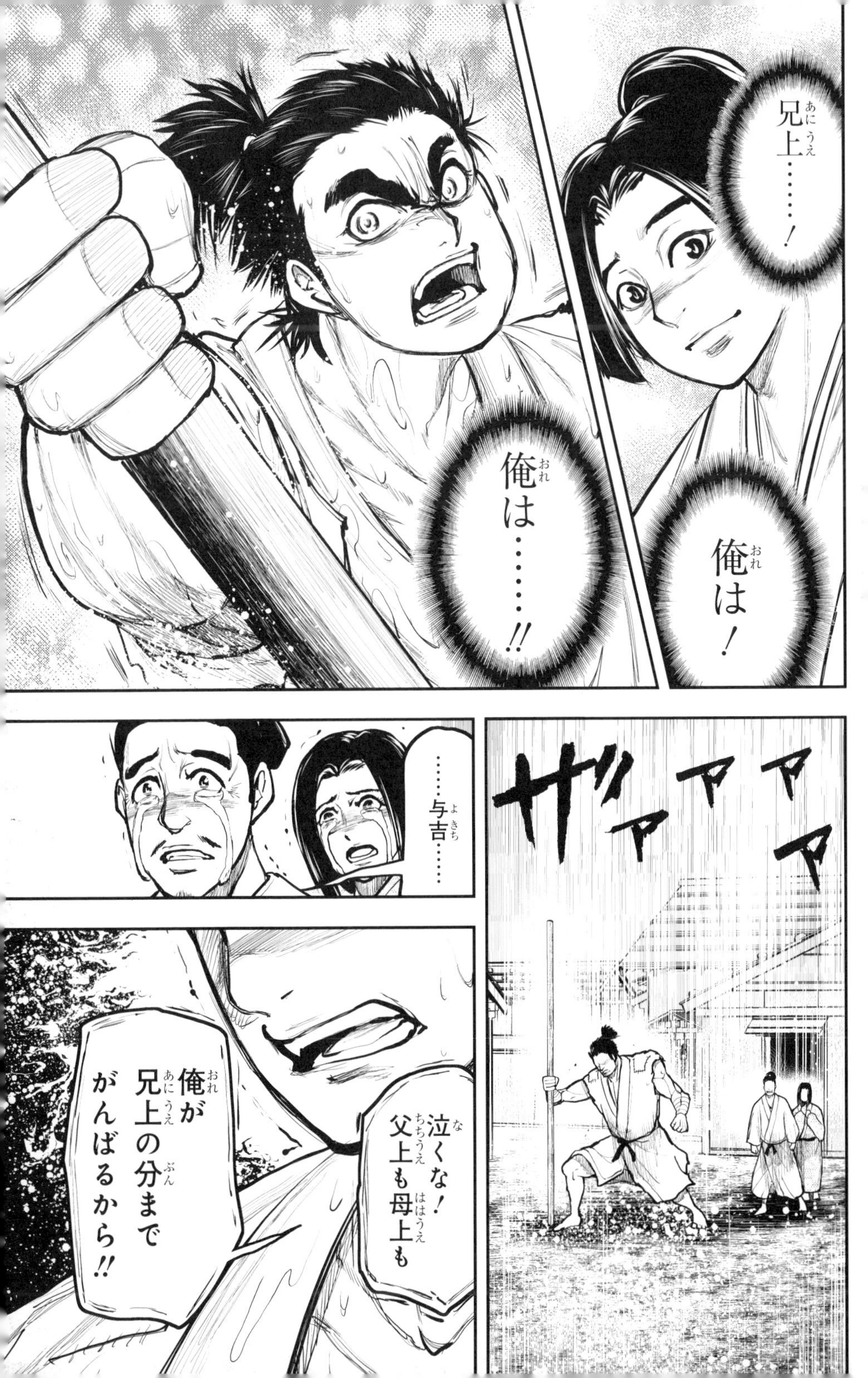
兄上《あにうえ》……!
俺《おれ》は!
俺《おれ》は……!!
ザァァァァ
……与吉《よきち》……
泣《な》くな! 父上《ちちうえ》も母上《ははうえ》も
俺《おれ》が兄上《あにうえ》の分《ぶん》までがんばるから!!

俺《おれ》は必《かなら》ず城《しろ》持《も》ち大名《だいみょう》になってやる!!

藤堂家《とうどうけ》の跡継《あとつ》ぎとなった与吉《よきち》は
やがて元服《げんぷく》して名《な》を高虎《たかとら》と改《あらた》めた
で……でけぇ……
へっ？ わしの名《な》をひっくり返《かえ》しただけ!?
浅井長政《あざいながまさ》は 同盟者《どうめいしゃ》だった織田信長《おだのぶなが》と手《て》を切《き》り代々《だいだい》同盟関係《どうめいかんけい》にあった越前国《えちぜんのくに》の朝倉義景《あさくらよしかげ》と結《むす》ぶ
浅井《あざい》・朝倉連合軍《あさくられんごうぐん》
織田《おだ》・徳川連合軍《とくがわれんごうぐん》
元亀元《げんきがん》（1570）年《ねん》六月《がつ》浅井《あざい》・朝倉連合軍《あさくられんごうぐん》と織田《おだ》・徳川連合軍《とくがわれんごうぐん》が戦《たたか》った姉川《あねがわ》の戦《たたか》いで
高虎《たかとら》は浅井長政《あざいながまさ》のもとで初陣《ういじん》を果《は》たした

第《だい》二章《しょう》　羽柴秀長《はしばひでなが》に仕官《じかん》
はッ…
はッ…
はッ…
はッ…
はッ…
城持《しろも》ち大名《だいみょう》になるには何《なに》より……戦功《せんこう》を上《あ》げること
ズズッ
はッ…
戦功《せんこう》の……
第《だい》一は……！
はッ…
ダッ

ザッ
くそっ 先《さき》を越《こ》された！
俺《おれ》たちも続《つづ》け！ やつに手柄《てがら》を独《ひと》り占《じ》めさせるな!!
うおおおお
ドドドド
一番槍《いちばんやり》だぁ!!

ズズズズ・・
姉川《あねがわ》の戦《たたか》いは浅井《あざい》・朝倉連合軍《あさくられんごうぐん》の敗戦《はいせん》となったが高虎《たかとら》は首級《しるし》を上《あ》げる
その後《ご》も高虎《たかとら》は織田《おだ》・徳川《とくがわ》との戦《たたか》いの中《なか》で戦功《せんこう》を積《つ》み重《かさ》ねていった
近江国《おうみのくに》
小谷城《おだにじょう》
お前《まえ》が藤堂高虎《とうどうたかとら》か
活躍目覚《かつやくめざ》ましいと聞《き》く
浅井長政《あざいながまさ》
一番槍《いちばんやり》・殿軍《しんがり》はお任《まか》せを
今後《こんご》も敵《てき》をなぎ倒《たお》します!
高虎《たかとら》よ……

「男子《だんし》
三日《みっか》会《あ》わざれば
刮目《かつもく》して見《み》よ」
という言葉《ことば》を
知《し》っておるか？
？
三国志《さんごくし》の時代《じだい》
呉《ご》の国《くに》の皇帝《こうてい》・孫権《そんけん》に
仕《つか》えた武将《ぶしょう》に
呂蒙《りょもう》という
者《もの》がいた
呂蒙《りょもう》は無鉄砲《むてっぽう》とも
言《い》える勇猛《ゆうもう》さで
武名《ぶめい》を轟《とどろ》かせたが
いかんせん 無学《むがく》だった
主君《しゅくん》の孫権《そんけん》は
呂蒙《りょもう》に学問《がくもん》を勧《すす》め
呂蒙《りょもう》はそれに応《こた》えて
知勇《ちゆう》を兼《か》ね備《そな》えた
すばらしい武将《ぶしょう》に
なった……
人《ひと》は日《ひ》に日《ひ》に
成長《せいちょう》する
お前《まえ》も
学問《がくもん》を修《おさ》めれば
必《かなら》ず後世《こうせい》に残《のこ》る
名将《めいしょう》に……
ぶっ……

三国志《さんごくし》…三世紀《せいき》ころの中国《ちゅうごく》で魏《ぎ》・呉《ご》・蜀《しょく》の三国《さんごく》が争《あらそ》っていた時代《じだい》を記《しる》した歴史書《れきししょ》。

がっはっは!!
いやぁ～ 学問《がくもん》は
無理《むり》ですよぉ!
何度《なんど》も兄《あに》に
教《おそ》わったんですが
文字《もじ》を見《み》るだけで
気絶《きぜつ》しちゃって……
気絶《きぜつ》……
そうか……
だが
お前《まえ》の才《さい》を
このままにして
おくのも……
ドタ ドタ
殿《との》―――!
申《もう》し上《あ》げます!
織田軍《おだぐん》が攻《せ》めて
参《まい》りました!!
何《なに》!?
高虎《たかとら》
また話《はな》そう
はっ
学問《がくもん》か……
そういえば
兄上《あにうえ》も……

いや……俺《おれ》には関係《かんけい》ねぇ！
槍《やり》一本《ぽん》でのし上《あ》がってみせるぜ！
やはり強《つよ》いな織田軍《おだぐん》は……
殿《との》が織田《おだ》を裏切《うらぎ》ったのは失敗《しっぱい》だったかもしれんなぁ
むふっ
ふふ……浅井《あざい》の殿《との》に褒《ほ》められた
順調順調《じゅんちょうじゅんちょう》！幸先《さいさき》よしっ！……っと
感状見《かんじょうみ》つめていつまでにやついてやがる首《くび》の一《ひと》つや二《ふた》つで浅井《あざい》の劣勢《れっせい》は変《か》わらんぞ

ペ
ふん！首《くび》を取《と》ってないやつが何《なに》を言《い》うか！
なっ……！
ガキのくせに
ビリリリ
生意気《なまいき》なっ！
ちょっと……!?
何《なに》すんだてめぇ！

おいっ！何《なに》けんかしてんだ！
しっかりしろ！
寝《ね》てんじゃねーよ……これくらいで
ちゃんと手加減《てかげん》してやった……
だめだ……返事《へんじ》をしない
えっ
あっ
…
捕《つか》まえろ！
ダッダダッ
わざとじゃねぇって！
この一件《いっけん》で高虎《たかとら》は浅井家《あざいけ》にいられなくなった
こんなはずでは……
どうすっかなこの先《さき》……
藤堂高虎《とうどうたかとら》だな
？

阿閉《あつじ》の殿《との》がお前《まえ》に会《あ》いたいそうじゃ
え！
高虎《たかとら》は近隣《きんりん》の阿閉家《あつじけ》の当主《とうしゅ》阿閉貞征《あつじさだゆき》に呼《よ》ばれた
近江国《おうみのくに》 山本山城《やまもとやまじょう》（阿閉貞征《あつじさだゆき》の城《しろ》）
実《じつ》は家中《かちゅう》に不穏《ふおん》な動《うご》きをする者《もの》が二人《ふたり》おってな
この二人《ふたり》は腕《うで》に覚《おぼ》えもありわしを暗殺《あんさつ》せんとしている
そこで お前《まえ》の力《ちから》を見込《みこ》んでの頼《たの》みじゃ
二人《ふたり》を始末《しまつ》してもらいたい
俺《おれ》の力《ちから》を見込《みこ》んで……
グッ

阿閉様《あつじさま》！
この藤堂高虎《とうどうたかとら》にお任《まか》せください
何《なに》？殿《との》が剛《ごう》の者《もの》を雇《やと》った？
我《われ》らの動《うご》きに気《き》づいたようだどうする？
へへ……返《かえ》り討《う》ちにしてくれるわ！
できるかな？
!?
主君《しゅくん》阿閉貞征様《あつじさだゆきさま》に逆《さか》らう者《もの》ども成敗《せいばい》！
ギュッ
この時《とき》高虎《たかとら》は二人《ふたり》を討《う》ち取《と》ったのだが

え———ッ!
阿閉様《あつじさま》!
私《わたし》は あなたに命令《めいれい》されて!
わしが命令《めいれい》した?大事《だいじ》な家臣《かしん》たちをわしが殺《ころ》させるはずあるまい
構《かま》わぬ この賊《ぞく》を始末《しまつ》しろ!
最初《さいしょ》から俺《おれ》を利用《りよう》するために……
待《ま》てこらっ!
逃《に》げるんじゃねぇ!
待《ま》つわけねぇだろ!

くそっ!
くそっ!
くそおおおおお!!
また だめかぁ!
高虎《たかとら》は再《ふたた》び
主《あるじ》を探《さが》す
放浪《ほうろう》の身《み》となった
カー
カー
ブリッ
アホー
アホー
う……
!?

三河国《みかわのくに》　吉田宿《よしだじゅく》
くそ……
ぐううううう
プ〜ン
プ〜ン
金《かね》もない……
行《い》くあてもない……

だめだ……
腹減《はらへ》って もう
一歩《いっぽ》も歩《ある》けね……
ビクッ
!?
いい匂《にお》いが
するぞ!
どこだ!
どこだァ!
ドドドドドドドドドドド
どこだぁ
ああ!!
はァ……
はッ……
はッ
餅
あった……
あったぞ……

餅《もち》だぁあ!!
ばしっ
ガッガッ ガッガッ
ガッ
うめえ……
うめえぞ!!
うまぁあぁあ
生《い》きててよかったぁ!!
はははは

おい……
はうぁ!?
すすいません!
金《かね》がなくて
何日《なんにち》も飯食《めしく》って
なくて……そのっ
お前《まえ》……
売《う》りもんを……
餅
フー
馬鹿野郎《ばかやろう》
何謝《なにあやま》ってんだ
え?

全部《ぜんぶ》 食《く》いやがって
餅屋冥利《もちやみょうり》だ
許《ゆる》してやるよ！
おっ……
おっちゃん
優《やさ》しいなぁ……
なんだ ずいぶん
ガキくせぇやつ
だな
路銀《ろぎん》だぁ？
おっちゃん……
ついでと言《い》っちゃ
なんだが……
路銀《ろぎん》を貸《か》して
もらえんだろうか
この恩《おん》は
必《かなら》ず返《かえ》すから……
いつかきっと……

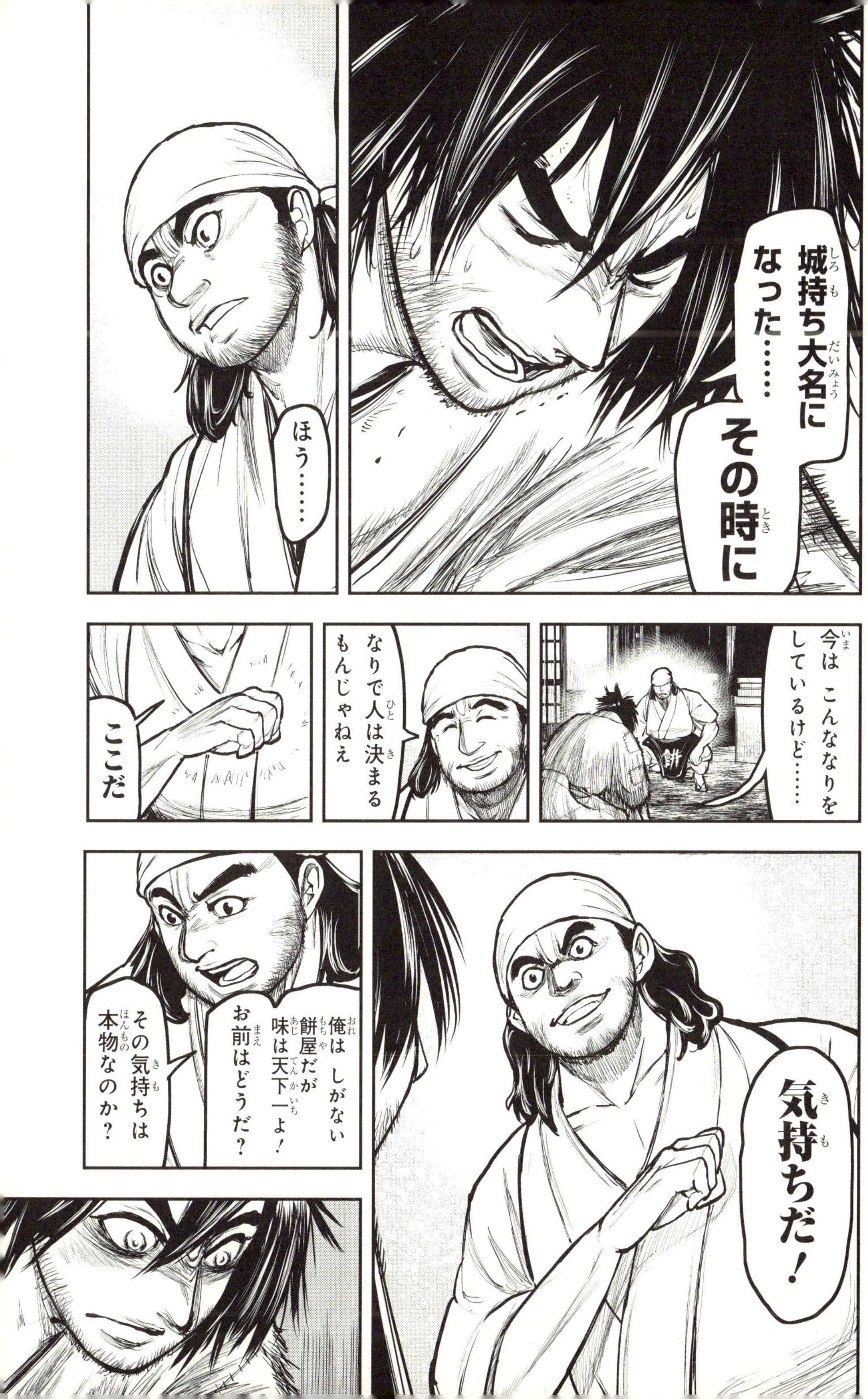
城持《しろも》ち大名《だいみょう》になった……
その時《とき》に
ほう……
今《いま》は こんななりをしているけど……
なりで人《ひと》は決《き》まるもんじゃねえ
ここだ
気持《きも》ちだ！
俺《おれ》は しがない餅屋《もちや》だが味《あじ》は天下一《てんかいち》よ！
お前《まえ》はどうだ？
その気持《きも》ちは本物《ほんもの》なのか？

……ろん
!?
もちろん！
誰《だれ》にも負《ま》けねぇ!!

持《も》ってけ兄《にい》ちゃん!
天正元《てんしょうがん》(1573)年《ねん》
信長《のぶなが》によって
小谷城《おだにじょう》は落城《らくじょう》し
浅井氏《あざいし》は滅亡《めつぼう》
その後《ご》 織田信長《おだのぶなが》から
浅井氏《あざいし》の旧領《きゅうりょう》・北近江《きたおうみ》を
任《まか》されたのは——

羽《は》柴《しば》秀《ひで》吉《よし》であった
秀吉《ひでよし》は 小谷城《おだにじょう》に代《か》わり
水陸交通《すいりくこうつう》の要衝《ようしょう》である
今浜《いまはま》に築城《ちくじょう》を開始《かいし》
今浜《いまはま》の地名《ちめい》を
「長浜《ながはま》」と改《あらた》め
長浜城《ながはまじょう》の城主《じょうしゅ》となった
天正《てんしょう》四（1576）年《ねん》
同《おな》じ近江国《おうみのくに》では
安土城《あづちじょう》の築城《ちくじょう》が
始《はじ》まっていた
高虎《たかとら》は
日銭《ひぜに》を稼《かせ》ぐため
人足《にんそく》をしていた

思《おも》い通《どお》りに進《すす》まんのう……
一生懸命《いっしょうけんめい》槍働《やりばたら》きしてきたが一向《いっこう》に評価《ひょうか》されん……
餅屋《もちや》の一件《いっけん》ののち高虎《たかとら》は近江国《おうみのくに》の磯野家《いそのけ》に八十石《こく》で仕《つか》えた
磯野員昌《いそのかずまさ》じゃ浅井家《あざいけ》での活躍《かつやく》は聞《き》いておる
磯野員昌《いそのかずまさ》が隠居《いんきょ》し高虎《たかとら》は員昌《かずまさ》の養嗣子《ようしし》の織田信澄《おだのぶずみ》(信長《のぶなが》の甥《おい》)に仕《つか》えたが
何《なに》!?八十石《こく》では不服《ふふく》と申《もう》すか!
いや……この前《まえ》もその前《まえ》の戦《いくさ》でも戦功《せんこう》を上《あ》げました
もうちょっと……正《ただ》しい評価《ひょうか》を……
無礼《ぶれい》な!
不服《ふふく》であれば無理《むり》に仕《つか》えずともよい!
秀吉《ひでよし》は十二万石《まんごく》——百姓《ひゃくしょう》の出《で》と聞《き》いた
俺《おれ》も八十石《こく》までいったんだけどなぁ……

まあいい……
出直《でなお》しじゃ
どん底《そこ》から城持《しろも》ち大名《だいみょう》に這《は》い上《あ》がるんじゃ
おい 新人《しんじん》! 力任《ちからまか》せに積《つ》むんじゃない!!
石《いし》にもな 芯《しん》や目《め》があるんだ!
石《いし》のすわりがよいように工夫《くふう》せねばならぬ
…
ゴゴゴッ
石《いし》にも芯《しん》や目《め》がある……か
ピタッ

ほう・・
新人《しんじん》……
飲《の》み込《こ》みが早《はや》いな
天才《てんさい》か!
え!
おい
そこの人足《にんそく》
あ?
貴様《きさま》!
なんだその
口《くち》の利《き》き方《かた》は!!
ぬ……
身長《しんちょう》は
六尺《しゃく》三寸《ずん》って
ところか……
その恵《めぐ》まれた
体格《たいかく》があるのに
なぜ戦働《いくさばたら》きをせぬ

戦《いくさ》が怖《こわ》いのか？
怖《こわ》いと思《おも》ったことなど一度《ど》もねえ……
……

秀長《ひでなが》様《さま》！
秀長《ひでなが》？
えっ……ってかまさか!?
秀長《ひでなが》って言《い》えば……あのっ……
羽柴《はしば》秀吉《ひでよし》の弟《おとうと》の!?
おい新人《しんじん》！無礼《ぶれい》にもほどがあるぞ！
申《もう》し訳《わけ》ありません秀長様《ひでながさま》！
す……すいません
こいつは図体《ずうたい》ばかりでかくて……ばかで本当《ほんとう》にばかで
さっきは天才《てんさい》だって言《い》ったじゃねーか！
いや……
おもしろい
どうだ三百《びゃく》石《こく》で私《わたし》に仕《つか》えぬか？

えええ!?
ささ さ……
三百石《びゃくこく》!?
足《た》りぬか?
いえいえいえ……十分《じゅうぶん》すぎます!
秀長様《ひでながさま》! この者《もの》に三百石《びゃくこく》とは……何故《なにゆえ》ですか?
見《み》てわからぬか?
……
傷《きず》だ
この体中《からだじゅう》の傷《きず》がこれまで命懸《いのちが》けで働《はたら》いてきた証拠《しょうこ》だ

ただ……本来《ほんらい》
戦《いくさ》とは戦《たたか》わずして
勝《か》つのが上策《じょうさく》
お前《まえ》の傷《きず》は
勉学《べんがく》を軽《かろ》んじてきた
証《あかし》だとも言《い》える
勉学《べんがく》!?
スッ
これをやろう
あ……
これを読《よ》んで
日々《ひび》勉強《べんきょう》するように

勉学《べんがく》はおもしろいぞ！
お前《まえ》が教養《きょうよう》まで身《み》に着《つ》けたら無敵《むてき》なんだがなぁ
お前《まえ》も学問《がくもん》を修《おさ》めれば必《かなら》ず後世《こうせい》に残《のこ》る名将《めいしょう》に……
わしが命令《めいれい》した？大事《だいじ》な家臣《かしん》たちをわしが殺《ころ》させるはずあるまい
最初《さいしょ》から俺《おれ》を利用《りよう》するために……
俺《おれ》は……なんて愚《おろ》かだったんだ……
天正《てんしょう》五（１５７７）年《ねん》信長《のぶなが》の命《めい》を受《う》けた羽柴秀吉《はしばひでよし》による中国征討《ちゅうごくせいとう》が始《はじ》まった
お前《まえ》の武勇《ぶゆう》は十分《じゅうぶん》にわかったこれからは後方支援《こうほうしえん》を任《まか》せる
後方支援《こうほうしえん》ですか……？
スッ
そうだ武将《ぶしょう》は戦《いくさ》だけでなく裏方《うらかた》の仕事《しごと》も知《し》らねばならん

算盤《そろばん》じゃ！
算盤《そろばん》!?
ギッ
ドドドド
高虎《たかとら》は秀長《ひでなが》とともに中国地方《ちゅうごくちほう》を転戦《てんせん》
前線《ぜんせん》で戦《たたか》うだけでなく食糧《しょくりょう》や馬《うま》の手配《てはい》などの兵站《へいたん》を任《まか》された
ドドドド
難《むずか》しい……荷駄《にだ》の列《れつ》が長《なが》ければ命取《いのちと》り
パチパチ
護衛《ごえい》を多《おお》くするか？荷駄《にだ》を少《すく》なくするか？
どうすれば効率《こうりつ》よく運搬《うんぱん》できるか？
その見積《みつ》もりを計算《けいさん》する必要《ひつよう》がある……!!

おおおお
敵将《てきしょう》！
賀古六郎右衛門《かころくろうえもん》！
討《う》ち取《と》ったり——
ありゃ……
つい 算盤《そろばん》持《も》って
来《き》ちまったか……
播磨国《はりまのくに》の三木城《みきじょう》攻めで
戦功《せんこう》を上《あ》げた高虎《たかとら》は
三千石《ぜんごく》に加増《かぞう》された
高虎《たかとら》
次《つぎ》は
鉄砲《てっぽう》だ！

鉄砲《てっぽう》なんて足軽《あしがる》の使《つか》う武器《ぶき》だと思《おも》っていたが……
ふむ……なかなかおもしろい
こりゃ……弓矢《ゆみや》から鉄砲《てっぽう》へと戦《いくさ》の仕方《しかた》が大《おお》きく変《か》わったわけだ
まさに最強《さいきょう》の武器《ぶき》!!

山崎《やまざき》……現在《げんざい》の京都府《きょうとふ》乙訓郡《おとくにぐん》大山崎町《おおやまざきちょう》および大阪府《おおさかふ》三島郡《みしまぐん》島本町《しまもとちょう》山崎《やまざき》。

天正《てんしょう》十(1582)年《ねん》六月《がつ》
明智光秀《あけちみつひで》が謀叛《むほん》した本能寺《ほんのうじ》の変《へん》で信長《のぶなが》が自害《じがい》したのち
——秀吉軍《ひでよしぐん》は山崎《やまざき》の戦《たたか》いで光秀《みつひで》を撃破《げきは》する
明智光秀《あけちみつひで》

天正《てんしょう》十一（1583）年《ねん》の
賤ケ岳《しずがたけ》の戦《たたか》いでは
柴田勝家《しばたかついえ》と戦《たたか》い――
進《すす》めぇ!!
こしゃくな
猿《さる》めがぁ!!
柴田勝家《しばたかついえ》
この戦《いくさ》では
まだだ！
十分《じゅうぶん》に
引《ひ》きつけよ！
今《いま》だ！
放《はな》てぇ!!
高虎《たかとら》は秀長《ひでなが》の
鉄砲隊《てっぽうたい》を率《ひき》いて
活躍《かつやく》をした

毛利《もうり》・小早川《こばやかわ》・吉川《きっかわ》
宇喜多《うきた》・黒田《くろだ》・蜂須賀《はちすか》
羽柴秀次《はしばひでつぐ》
羽柴秀長《はしばひでなが》
天正《てんしょう》十三(1585)年《ねん》五月《がつ》
高虎《たかとら》は主君《しゅくん》の秀長《ひでなが》が総大将《そうだいしょう》に
任命《にんめい》された 四国征討《しこくせいとう》に従軍《じゅうぐん》し
長宗我部元親《ちょうそかべもとちか》と戦《たたか》う
長宗我部元親《ちょうそかべもとちか》
そんななか
数々《かずかず》の城攻《しろぜ》めを
経験《けいけん》した高虎《たかとら》は
城《しろ》の防備《ぼうび》の
重要性《じゅうようせい》に着目《ちゃくもく》
俺《おれ》が この城《しろ》を 攻《せ》める なら……
阿波国《あわのくに》 一宮城《いちのみやじょう》
この地形《ちけい》を 攻撃《こうげき》するなら さしあたり……
攻《せ》める立場《たちば》になって 築城《ちくじょう》すれば 守《まも》りの固《かた》い城《しろ》が できる……
築城術《ちくじょうじゅつ》を 高虎《たかとら》は独学《どくがく》
ついには秀長《ひでなが》より 和歌山城《わかやまじょう》の普請奉行《ふしんぶぎょう》に 抜擢《ばってき》され 一万《まん》人《にん》を動員《どういん》し 約《やく》一年間《ねんかん》で城《しろ》を完成《かんせい》させた

見事《みごと》……
兄上《あにうえ》……

勉学《べんがく》って……
目《め》指《ざ》せ
城《しろ》持《も》ち
大《だい》名《みょう》
こんなにも
おもしろいのですね……
まさに水《みず》を得《え》た魚《うお》——
ようやく主君《しゅくん》と呼《よ》べる
秀長《ひでなが》と出会《であ》い
のびのびと才能《さいのう》を
開花《かいか》させる高虎《たかとら》であった

第《だい》三章《しょう》　家康《いえやす》との出会《であ》い

天正《てんしょう》十四（1586）年《ねん》二月《がつ》
羽柴秀吉《はしばひでよし》は京都《きょうと》で
聚楽第《じゅらくだい》の建設《けんせつ》に着手《ちゃくしゅ》
聚楽第《じゅらくだい》に隣接《りんせつ》して
徳川家康《とくがわいえやす》の屋敷《やしき》を建《た》てるよう
秀長《ひでなが》に命《めい》じ
作事奉行《さくじぶぎょう》に高虎《たかとら》を任命《にんめい》した
前年《ぜんねん》の天正《てんしょう》十三
（1585）年《ねん》に
関白《かんぱく》となり
朝廷《ちょうてい》から豊臣姓《とよとみせい》を
許《ゆる》された秀吉《ひでよし》は
天正《てんしょう》十四（1586）年《ねん》
十月《がつ》 大坂城《おおさかじょう》へ登城《とじょう》した
徳川家康《とくがわいえやす》に
臣従《しんじゅう》を誓《ちか》わせた

関白《かんぱく》…成人《せいじん》した天皇《てんのう》を助《たす》けて、政治《せいじ》を行《おこな》う職《しょく》。

大坂城《おおさかじょう》…現在《げんざい》の大阪府《おおさかふ》大阪市《おおさかし》中央区《ちゅうおうく》にあった城《しろ》。

臣従《しんじゅう》…臣下《しんか》として従《したが》うこと。

京都《きょうと》 聚楽第《じゅらくだい》
徳川家康《とくがわいえやす》の屋敷《やしき》
藤堂《とうどう》どの…… この屋敷《やしき》 以前《いぜん》見《み》た 設計図《せっけいず》とは違《ちが》うようだが どういうことか？
はっ 以前《いぜん》の 公家風《くげふう》の造《つく》りでは 警護《けいご》に難点《なんてん》が ございました
もし 徳川様《とくがわさま》に 不慮《ふりょ》の事態《じたい》が起《お》これば 関白殿下秀吉様《かんぱくでんかひでよしさま》の ご面目《めんぼく》に関《かか》わります
私《わたし》の一存《いちぞん》で 変更《へんこう》を――
そうか…… 警護《けいご》に難点《なんてん》のう……
ご不興《ふきょう》でした でしょうか ご指示《しじ》いただければ 元《もと》に戻《もど》しますが

よい……心遣《こころづか》い うれしく思《おも》う
わしはな 藤堂《とうどう》どの
若《わか》い頃《ころ》に 父《ちち》を殺《ころ》されてな ……母《はは》も家臣《かしん》も バラバラじゃ
正直《しょうじき》…… 戦乱《せんらん》の世《よ》は うんざりじゃ
いつか警護《けいご》の必要《ひつよう》ない 皆《みな》が笑《わら》って暮《く》らせる 日《ひ》が来《く》ればよいがと 思《おも》うておる

泰平《たいへい》の世《よ》をな
それがわしの夢《ゆめ》じゃ
泰平《たいへい》の……世《よ》……
すばらしい夢《ゆめ》ですね徳川様《とくがわさま》

天正《てんしょう》十五（1587）年《ねん》三月《がつ》 豊臣秀吉《とよとみひでよし》は二十万《まん》の大軍《たいぐん》を率《ひき》い 九州征討《きゅうしゅうせいとう》に乗《の》り出《だ》す
秀吉軍経路《ひでよしぐんけいろ》
秀長軍経路《ひでながぐんけいろ》
島津家《しまづけ》
根白坂《ねじろざか》の戦《たたか》いで 活躍《かつやく》した高虎《たかとら》は 紀伊《きい》粉河《こかわ》二万石《まんごく》を 与《あた》えられ
ついに念願《ねんがん》の
「城持《しろも》ち大名《だいみょう》」と なったのである
紀伊《きい》　猿岡山城《さるおかやまじょう》（粉河城《こかわじょう》）
体《からだ》じゅう傷《きず》だらけに なりながら よう　がんばったのう 高虎《たかとら》
父上《ちちうえ》…… 母上《ははうえ》……
なんじゃ……あまり うれしそうじゃ ないのう
いえ……まだ 戦乱《せんらん》が続《つづ》いて おりますからな

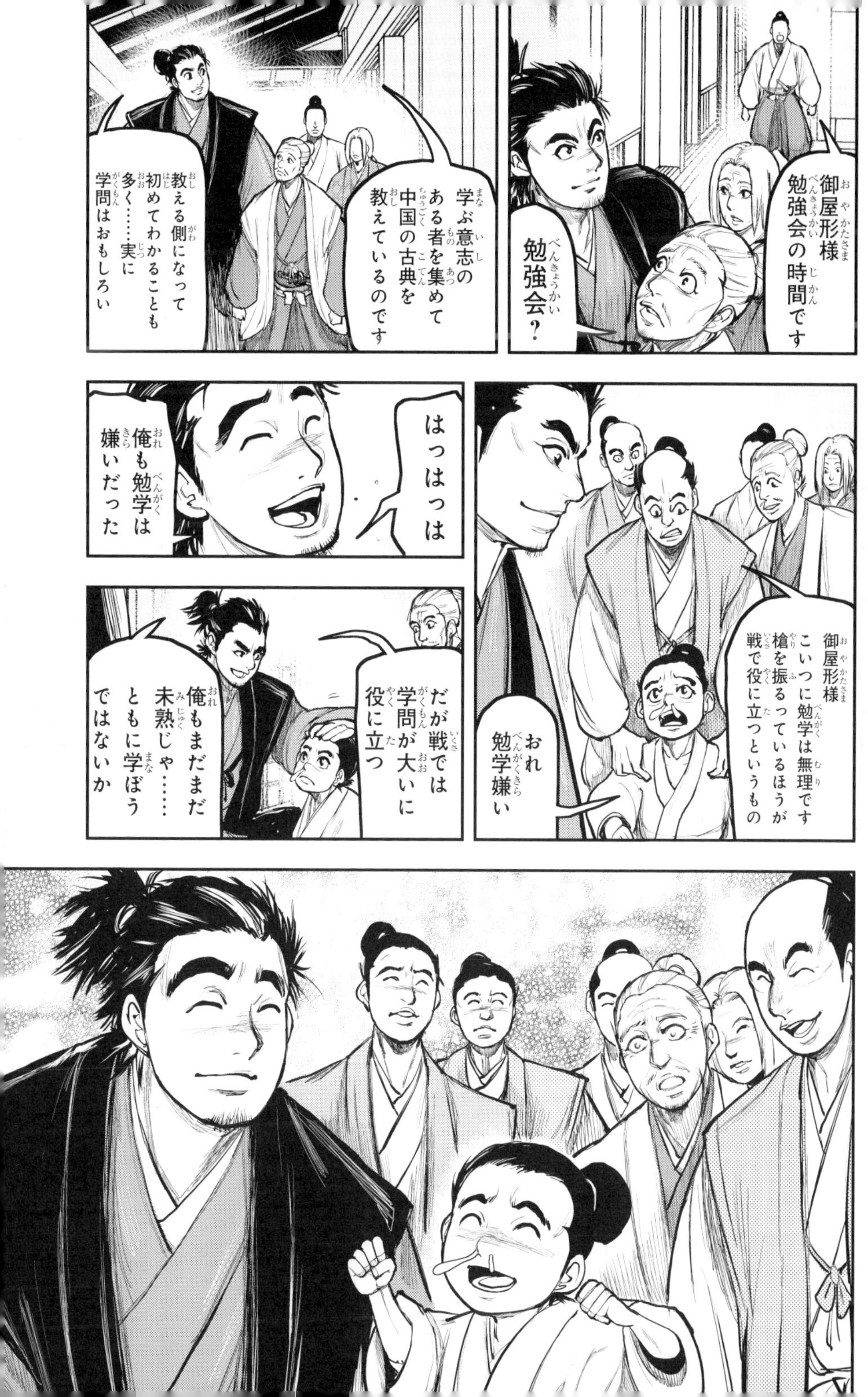

御屋形様《おやかたさま》 勉強会《べんきょうかい》の時間《じかん》です
勉強会《べんきょうかい》？
学《まな》ぶ意志《いし》の ある者《もの》を集《あつ》めて 中国《ちゅうごく》の古典《こてん》を 教《おし》えているのです
教《おし》える側《がわ》になって 初《はじ》めてわかることも 多《おお》く……実《じつ》に 学問《がくもん》はおもしろい
御屋形様《おやかたさま》 こいつに勉学《べんがく》は無理《むり》です 槍《やり》を振《ふ》るっているほうが 戦《いくさ》で役《やく》に立《た》つというもの
おれ 勉学嫌《べんがくきら》い
はっはっは
俺《おれ》も勉学《べんがく》は 嫌《きら》いだった
だが戦《いくさ》では 学問《がくもん》が大《おお》いに 役《やく》に立《た》つ
俺《おれ》もまだまだ 未熟《みじゅく》じゃ…… ともに学《まな》ぼう ではないか

天正《てんしょう》十八(1590)年《ねん》四月《がつ》
秀吉《ひでよし》は総勢《そうぜい》二十万《まん》の大軍《たいぐん》で
北条《ほうじょう》氏の居城《きょじょう》・小田原城《おだわらじょう》を包囲《ほうい》
織田信雄《おだのぶかつ》
蒲生氏郷《がもううじさと》
黒田官兵衛《くろだかんべえ》
徳川家康《とくがわいえやす》
羽柴秀長《はしばひでなが》
豊臣秀次《とよとみひでつぐ》
宇喜多秀家《うきたひでいえ》
小田原城《おだわらじょう》
本丸《ほんまる》
織田信包《おだのぶかね》
細川忠興《ほそかわただおき》
豊臣秀吉《とよとみひでよし》
豊臣水軍《とよとみすいぐん》
同年《どうねん》七月《がつ》 北条氏《ほうじょうし》は
小田原城《おだわらじょう》を開城《かいじょう》し
北条氏政《ほうじょううじまさ》は切腹《せっぷく》
ここに秀吉《ひでよし》の
天下統一《てんかとういつ》が完成《かんせい》した

ところが
高虎《たかとら》の主君《しゅくん》・秀長《ひでなが》が病《やまい》で床《とこ》に臥《ふ》した
高虎《たかとら》よ……天下《てんか》を統一《とういつ》した今《いま》こそ内政《ないせい》を充実《じゅうじつ》せねばならぬ……それは関白殿下《かんぱくでんか》もおわかりである
しかし 今《いま》イスパニアやポルトガルが東洋支配《とうようしはい》をもくろんでいることも事実《じじつ》
関白殿下《かんぱくでんか》は それらを排除《はいじょ》するためにもまず朝鮮《ちょうせん》を支配下《しはいか》に置《お》かねばならぬとお考《かんが》えなのだ
朝鮮《ちょうせん》へ……攻《せ》め込《こ》むのですか？
やむを得《え》ずにな……しかしこの戦《いくさ》はできるだけ早《はや》く終《お》わらせねばならない
関白殿下《かんぱくでんか》も私《わたし》ももとは百姓《ひゃくしょう》の身《み》……皆《みな》が笑《わら》って暮《く》らせる
泰平《たいへい》の世《よ》を目指《めざ》してきたのだ……

高虎《たかとら》……
日本《ひのもと》の未来《みらい》を
頼《たの》む
俺《おれ》が……
日本《ひのもと》の……
ははっ！
ガッ
天正《てんしょう》十九（1591）年正月《ねんしょうがつ》
羽柴秀長《はしばひでなが》　死去《しきょ》
享年《きょうねん》五十二

ゴゴゴ
天正《てんしょう》二十（1592）年《ねん》四月《がつ》
朝鮮出兵《ちょうせんしゅっぺい》
平壌《へいじょう》
李氏朝鮮《りしちょうせん》
漢城《かんじょう》
釜山《プサン》
名護屋《なごや》
高虎《たかとら》は主君《しゅくん》・秀保《ひでやす》（秀長《ひでなが》の婿養子《むこようし》）の名代《みょうだい》として紀州水軍《きしゅうすいぐん》を率《ひき》いて朝鮮半島《ちょうせんはんとう》に渡《わた》った
ズズズズ・・
この文禄《ぶんろく》の役《えき》は朝鮮《ちょうせん》の宗主国《そうしゅこく》である明国《みんこく》の援軍《えんぐん》の到着《とうちゃく》で戦線《せんせん》が膠着《こうちゃく》し文禄《ぶんろく》二（1593）年《ねん》に休戦《きゅうせん》となった
その二年後《ねんご》の文禄《ぶんろく》四（1595）年《ねん》高虎《たかとら》の主君《しゅくん》・秀保《ひでやす》が十七歳《さい》の若《わか》さで死去《しきょ》する
高虎《たかとら》は高野山《こうやさん》に入《はい》り出家《しゅっけ》し
もう俺《おれ》にできることはない……
秀長《ひでなが》・秀保《ひでやす》の菩提《ぼだい》を弔《とむら》うことにしたのだが――
大坂城《おおさかじょう》
二か月後《げつご》秀吉《ひでよし》からのたっての呼《よ》び出《だ》しで下山《げざん》

膠着《こうちゃく》…物事《ものごと》がある状態《じょうたい》で動《うご》かなくなること。

高野山《こうやさん》…現在《げんざい》の和歌山県《わかやまけん》伊都郡《いとぐん》高野町《こうやちょう》にある高野山真言宗《こうやさんしんごんしゅう》の総本山《そうほんざん》。

高虎《たかとら》よ……まだ
乱世《らんせい》は終《お》わっていない
隠居《いんきょ》したければ
泰平《たいへい》の世《よ》の訪《おとず》れを
見《み》てからにせよ
……
おそれながら
お尋《たず》ねいたします
申《もう》せ
先《さき》の朝鮮出兵《ちょうせんしゅっぺい》は
やむを得《え》なかったこと
亡《な》き秀長様《ひでながさま》より
お聞《き》きしました
しかし 今《いま》は
内政《ないせい》を充実《じゅうじつ》させる時《とき》
しばらく外征《がいせい》は
お控《ひか》え願《ねが》いますか

パッ
なんだ そんなことか？
わかった 余《よ》も しばらく おとなしくするわい
まことに ございますか？
その年《とし》 高虎《たかとら》は 秀吉《ひでよし》に与《あた》えられた 伊予国板島《いよのくにいたじま》（のちの宇和島《うわじま》） 七万石《まんごく》に移《うつ》った
しかし――
慶長《けいちょう》二（1597）年《ねん》二月《がつ》
朝鮮出兵《ちょうせんしゅっぺい》が 再開《さいかい》されてしまう
ドドドドドド

しばらくおとなしくするわい
話《はなし》が違《ちが》うではないか……
高虎《たかとら》……日本《ひのもと》を頼《たの》む
ゴゴゴゴ
ゴ…
もちろんです秀《ひで》長《なが》様《さま》！
泰《たい》平《へい》の世《よ》を……

第《だい》四章《しょう》　天下《てんか》分《わ》け目《め》の戦《たたか》い

慶長《けいちょう》三(1598)年《ねん》四月《がつ》
高虎《たかとら》は朝鮮《ちょうせん》から帰国《きこく》
日本軍《にほんぐん》の撤退《てったい》が議論《ぎろん》されたのは同年《どうねん》八月《がつ》――秀吉《ひでよし》の死《し》によるものだった
肥前国《ひぜんのくに》　名護屋城《なごやじょう》
明国《みんこく》と朝鮮《ちょうせん》の三十万《まん》の連合軍《れんごうぐん》が太閤殿下《たいこうでんか》の死《し》を知《し》る前《まえ》に
朝鮮半島《ちょうせんはんとう》に残《のこ》る日本軍《にほんぐん》を無事《ぶじ》に帰国《きこく》させねば
ならぬ
徳川家康《とくがわいえやす》
びくっ
さて……誰《だれ》が引《ひ》き揚《あ》げを指揮《しき》するかだが
……
よし
わしが行《い》こう
待《ま》たれよ

太閤…関白を辞して位を子に譲った者の称号。秀吉は天正十九(1591)年、甥で養子の秀次に関白を譲るが、太閤として実権を握り続けた。

肥前国《ひぜんのくに》…現在《げんざい》の佐賀県《さがけん》と長崎県《ながさきけん》の大半《たいはん》。

名護屋城《なごやじょう》…現在《げんざい》の佐賀県唐津市鎮西町名護屋《さがけんからつしちんぜいまちなごや》にあった城《しろ》。

はぁ……
はぁ……
徳川《とくがわ》どのは五大老筆頭《ごたいろうひっとう》
私《わたし》が行《い》く……
前田利家《まえだとしいえ》
ヨロッ!!
利家様《としいえさま》
大丈夫《だいじょうぶ》じゃ
はぁ……
ふむ……
藤堂《とうどう》どの
行《い》って
くれるか？
何《なに》？
藤堂《とうどう》だと……？
ザワッ
ザワッ

論功行賞…働きに応じて賞を与えること。

高虎《たかとら》の心配《しんぱい》どおり
豊臣政権《とよとみせいけん》を守《まも》ろうとする石田三成《いしだみつなり》と
政権《せいけん》を手中《しゅちゅう》にしようとする徳川家康《とくがわいえやす》との対立《たいりつ》が表面化《ひょうめんか》
そんななか高虎《たかとら》は石田三成《いしだみつなり》による家康暗殺計画《いえやすあんさつけいかく》を知《し》る
徳川家康《とくがわいえやす》が前田利家《まえだとしいえ》どのの見舞《みま》いに赴《おもむ》いたところを討《う》つ……
そうか 徳川様《とくがわさま》は大坂《おおさか》にご自身《じしん》の屋敷《やしき》を持《も》っておられなんだ……
泰平《たいへい》の世《よ》を……
慶長《けいちょう》四(1599)年《ねん》三月《がつ》十一日《にち》 大坂《おおさか》・淀川《よどがわ》
お待《ま》ちしておりました
これは藤堂《とうどう》どの

大坂《おおさか》 現在《げんざい》の大阪《おおさか》。 淀川《よどがわ》 琵琶湖《びわこ》を水源《すいげん》とし滋賀県《しがけん》・京都府《きょうとふ》・大阪府《おおさかふ》を流《なが》れる川《かわ》。

この先《さき》の道々《みちみち》に徳川様《とくがわさま》の命《いのち》を狙《ねら》う者《もの》たちがおりまする
今宵《こよい》は私《わたくし》の屋敷《やしき》にお泊《と》まりください
なんと……!?
殿《との》……罠《わな》かもしれませぬ
!?
いや わしは藤堂《とうどう》どのを信《しん》じる
藤堂《とうどう》どのよしなに頼《たの》む
はっ!
……

関《せき》ヶ原《がはら》…現在《げんざい》の岐阜県不破郡関ヶ原町《ぎふけんふわぐんせきがはらちょう》。

これが戦《せん》国《ごく》最《さい》後《ご》の総《そう》仕《し》上《あ》げじゃ
全《ぜん》軍《ぐん》突《とつ》撃《げき》ー！
ガッ
行《い》けぇい!!
目指《めざ》すは西軍《せいぐん》……大谷吉継《おおたによしつぐ》の首《くび》!!
ドドドドドド
やるのォ！
藤《とう》堂《どう》高《たか》虎《とら》!!
高虎《たかとら》は西軍《せいぐん》の義将《ぎしょう》
大谷吉継《おおたによしつぐ》に
激闘《げきとう》の末《すえ》 勝利《しょうり》した
ズズズズ・・

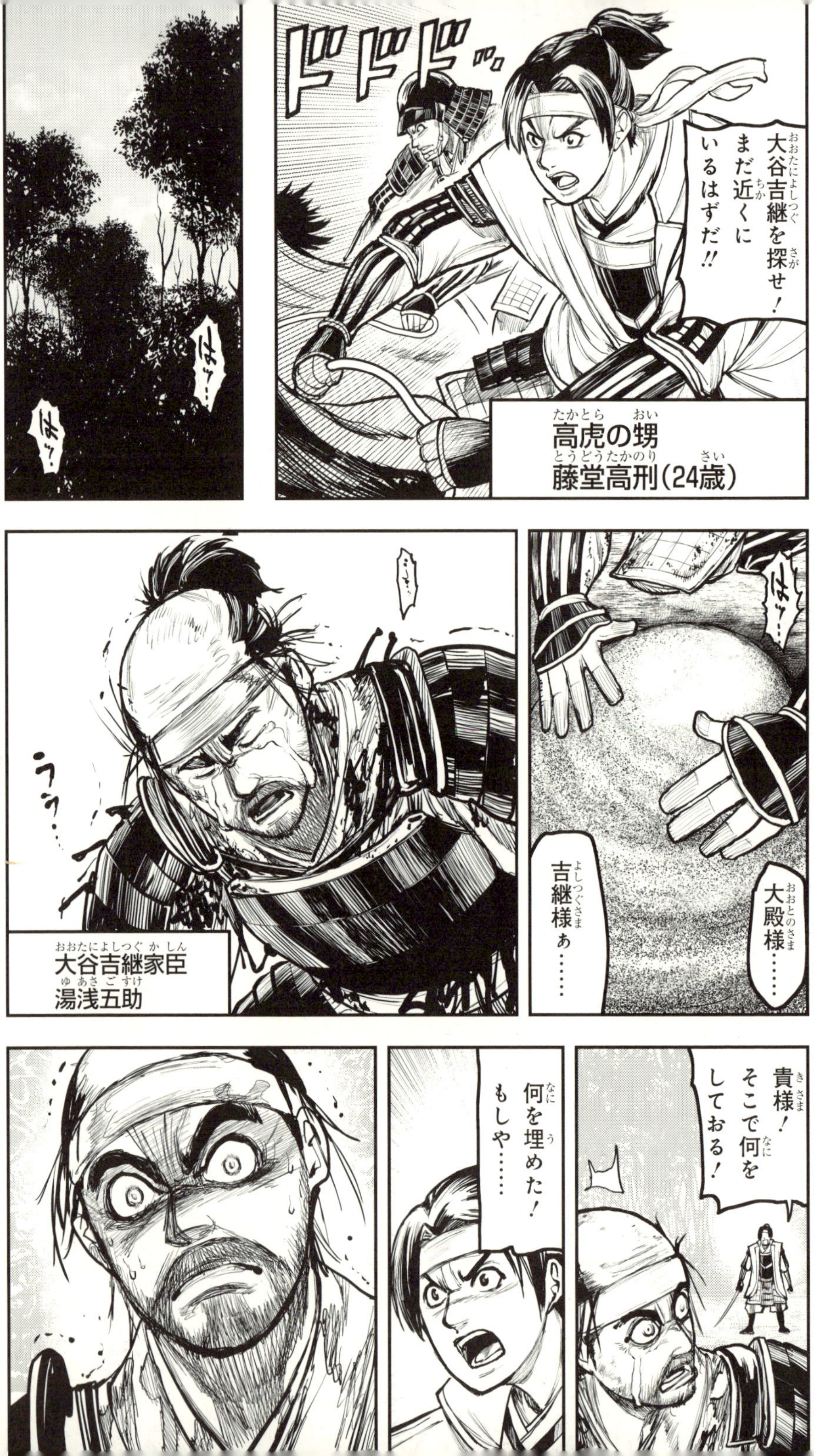

大殿《おおとの》……当主《とうしゅ》の父《ちち》、または跡継《あとつ》ぎ（若殿《わかとの》）に対《たい》して当主《とうしゅ》のことをいう。

はッ…
我《わ》が名《な》は大谷《おおたに》家《け》家臣《かしん》……湯《ゆ》浅《あさ》五《ご》助《すけ》!!
じ……尋常《じんじょう》に勝負《しょうぶ》!
ダッ
きええっ……!!
はッ…
はッ
はッ
頼《たの》む……先《さき》ほどのことは見《み》なかったことに……
大殿《おおとの》は病《やまい》でござった……
面相《めんそう》がただれておる

頼《たの》む！武士《ぶし》の情《なさ》けじゃ!!
どうか……わしの首《くび》一《ひと》つで
グッ
コクッ
すまぬ……

関ヶ原《せきがはら》 家康本陣《いえやすほんじん》(首実検《くびじっけん》)
………
藤堂高刑《とうどうたかのり》と申《もう》したな
湯浅五助《ゆあさごすけ》の首《くび》があるということは大谷吉継《おおたによしつぐ》の首《くび》のありかも その方《ほう》知《し》っておろう
徳川家《とくがわけ》 家臣《かしん》
本多忠勝《ほんだただかつ》
はっ 知《し》っております ……しかし 申《もう》せませぬ
き 貴様《きさま》 なぜ言《い》わぬ!
………

首実検……討ち取った敵の首を大将の前で確認すること

貴様《きさま》!
…
スッ
我《わ》が家臣《かしん》がいかがいたしましたかな
ザッ
高虎様《たかとらさま》……
藤堂《とうどう》どのっ なぜ この者《もの》は大谷吉継《おおたによしつぐ》の首《くび》のありかを申《もう》さぬのだ!
隠《かく》し立《だ》てするとこの度《たび》の戦《いくさ》 貴殿《きでん》の功績《こうせき》をすべて失《うしな》うことになりますぞ!
……

さようですなあ……
申《もう》せぬようにございます

おっ……おのれぇえ！
忠勝《ただかつ》もうよい！
藤堂《とうどう》どのご苦労《くろう》
はっ

殿《との》……
よい

石田《いしだ》どの
やあ……
西軍《せいぐん》 石田三成《いしだみつなり》
このたびの戦《いくさ》 見事《みごと》な采配《さいはい》
もし小早川秀秋《こばやかわひであき》どのが 東軍《とうぐん》に寝返《ねがえ》らなければ この戦《いくさ》……
ふふふ
………
よろしければ 我《わ》が藤堂軍《とうどうぐん》の 戦《いくさ》ぶりについて お教《おし》え願《ねが》えぬか？

六条河原…現在の京都府京都市を流れる鴨川の河原にあった処刑場

慶長《けいちょう》八（1603）年《ねん》
二月《がつ》十二日《にち》
徳川家康《とくがわいえやす》は
征夷大将軍《せいいたいしょうぐん》となり
江戸《えど》に幕府《ばくふ》を開《ひら》く
ここに
高虎《たかとら》が望《のぞ》んだ
天下泰平《てんかたいへい》の世《よ》が
実現《じつげん》したのである

征夷大将軍《せいいたいしょうぐん》……幕府《ばくふ》の長《ちょう》、武家政権《ぶけせいけん》の最高権力者《さいこうけんりょくしゃ》。将軍《しょうぐん》。

第《だい》五章《しょう》　泰平《たいへい》の世《よ》
関《せき》ヶ《が》原《はら》の戦《たたか》いののち
藤堂高虎《とうどうたかとら》は徳川家康《とくがわいえやす》により
伊予半国《いよはんごく》二十万石《まんごく》に加増《かぞう》され
慶長九《けいちょう》(1604)年《ねん》には
今治城《いまばりじょう》を完成《かんせい》させている
さらに四年後《ねんご》
徳川家康《とくがわいえやす》は高虎《たかとら》を
伊賀《いが》・伊勢《いせ》ほか
二十二万石《まんごく》に転封《てんぽう》した
高虎《たかとら》は
伊勢《いせ》の安濃津城《あのつじょう》
伊賀《いが》の上野城《うえのじょう》を
修築《しゅうちく》
その後《ご》
ドドドド…
忍《しの》びを使《つか》った高虎《たかとら》の
情報収集《じょうほうしゅうしゅう》の成果《せいか》もあり
慶長《けいちょう》二十(1615)年《ねん》五月《がつ》
大坂夏《おおさかなつ》の陣《じん》にて徳川方《とくがわがた》が勝利《しょうり》
豊臣家《とよとみけ》は滅亡《めつぼう》した

安濃津城《あのつじょう》…現在《げんざい》の三重県津市丸之内《みえけんつしまるのうち》にあった城《しろ》。

上野城《うえのじょう》…現在《げんざい》の三重県伊賀市上野丸之内《みえけんいがしうえのまるのうち》にあった城《しろ》。

江《え》戸《ど》城《じょう》
高虎《たかとら》よ……
お主《ぬし》は外様《とざま》とはいえ…… 誰《だれ》よりも わしのために 尽《つ》くしてくれたな……
礼《れい》を言《い》うぞ
もったいなき お言葉《ことば》
残《のこ》りの人生《じんせい》も 徳川《とくがわ》の世《よ》の 無事泰平《ぶじたいへい》に 捧《ささ》げますぞ
元和《げんな》二(1616)年《ねん》四月《がつ》 徳川家康《とくがわいえやす》はこの世《よ》を去《さ》った ——享年《きょうねん》七十五
その後《ご》 高虎《たかとら》は 二代将軍《だいしょうぐん》・秀忠《ひでただ》の 治世《ちせい》となっても その傍《かたわ》らに あり続《つづ》けた
父《ちち》が惚《ほ》れた お前《まえ》に 愛想《あいそう》をつかされぬよう 立派《りっぱ》な将軍《しょうぐん》になるぞ
二代将軍《だいしょうぐん》 徳川秀忠《とくがわひでただ》

餅
三河国《みかわのくに》　吉田宿《よしだじゅく》
ザッ
じーちゃん
大名行列《だいみょうぎょうれつ》
いつ終《お》わるの？
もう少《すこ》しだ
そしたら
いっぱい遊《あそ》んで
やっからな
とうちゃん
静《しず》かにして！
ガラ!!

ちょっとやだよ！
とうちゃんがうるさいから……
ぬ……
ご亭主《ていしゅ》
ずいぶん長《なが》く待《ま》たせてしもうた
これはお借《か》りしたものじゃ
ジャリッ
え？

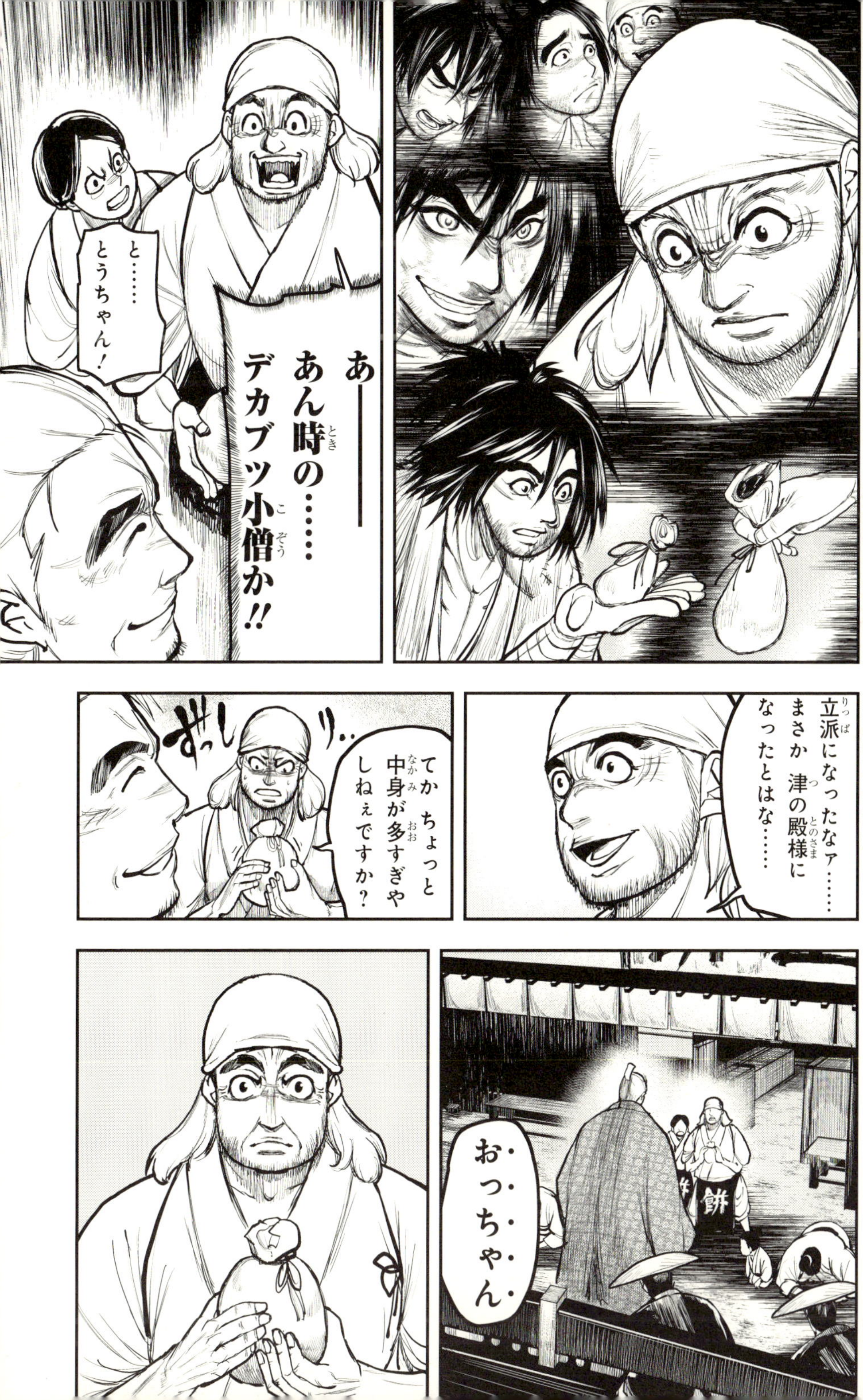

と……
とうちゃん！
あ――
あん時《とき》の……
デカブツ小僧《こぞう》か!!
立派《りっぱ》になったなァ……
まさか 津《つ》の殿様《とのさま》に
なったとはな……
てか ちょっと
中身《なかみ》が多《おお》すぎや
しねぇですか？
ずっしり…
おっちゃん

久《ひさ》し振《ぶ》りに
おっちゃんの餅《もち》を
食《く》わせてくれんか?

ときは戦国《せんごく》
地侍《じざむらい》の子《こ》から
身《み》一《ひと》つで ついには
三十二万石《まんごく》の太守《たいしゅ》と
なった男《おとこ》がいた
彼《かれ》は主君《しゅくん》を
七度替《ななたびか》え——
みんなも食《く》ってくだせぇ!
自慢《じまん》の餅《もち》だ!
後世《こうせい》——一部《いちぶ》には
不義理者《ふぎりもの》 変節漢《へんせつかん》と
不当《ふとう》に低《ひく》い評価《ひょうか》を
されることも
あったが
仕《つか》えた主君《しゅくん》に対《たい》して
自《みずか》ら裏切《うらぎ》ったことは
一度《ど》もなく——
誰《だれ》よりもよく働《はたら》き
ほっほっ
そして誰《だれ》よりも
天下泰平《てんかたいへい》の世《よ》を
望《のぞ》んだ好漢《こうかん》

藤堂高虎《とうどうたかとら》
──そう
多《おお》くの人《ひと》に愛《あい》された
彼《かれ》の人柄《ひとがら》は
現代《げんだい》を生《い》きる我々《われわれ》を
魅了《みりょう》してやまない

藤堂高虎《とうどうたかとら》を知《し》るための
基《き》礎《そ》知《ち》識《しき》

解説《かいせつ》

加来耕三《かくこうぞう》

戦国《せんごく》の世《よ》で、仕《つか》えた主君《しゅくん》を幾度《いくど》となく、自《みずか》ら見限《みかぎ》り、あるいは見限《みかぎ》られ、それでいてついには、伊勢国安濃津《いせのくにあのつ》（現《げん》・三重県津市《みえけんつし》）を主城《しゅじょう》の地《ち》とし、伊賀上野《いがうえの》（現《げん》・三重県伊賀市上野《みえけんいがしうえの》）にも城代《じょうだい》(1)を置《お》く、三十二万《まん》三千《ぜん》九百《ひゃく》五十石余《こくあまり》の国持大名《くにもちだいみょう》となった武将《ぶしょう》がいた。——藤《とう》堂高虎《どうたかとら》である。

彼《かれ》はなぜ、主人《しゅじん》を替《か》える人生《じんせい》を前半《ぜんはん》でくり返《かえ》しながら、後半《こうはん》になって一転《いってん》、上昇気流《じょうしょうきりゅう》に乗《の》るように〝大名《だいみょう》〟となれたのであろうか。

しかもこの人物《じんぶつ》は、特段《とくだん》の教養《きょうよう》を持《も》たず、世間《せけん》を学舎《まなびや》として、実戦《じっせん》の矢玉《やだま》が飛《と》び交《か》う中《なか》で、生《い》き残《のこ》りの処世術《しょせいじゅつ》を学《まな》んでいた。

近江国犬上郡藤堂村《おうみのくにいぬかみごおりとうどうむら》（現《げん》・滋賀県犬上郡甲良町《しがけんいぬかみぐんこうらちょう》）に生《せい》を受《う》けた、名《な》もない土豪《どごう》(2)の小倅《こせがれ》である高虎《たかとら》は、弘治《こうじ》二（一五五六）年《ねん》の生《う》まれで、幼名《ようみょう》を与吉《よきち》、父《ちち》の名《な》を虎高《とらたか》といった。与吉《よきち》こと、のちの高虎《たかとら》の取《と》り柄《え》は、巨漢《きょかん》であったということ。六尺《しゃく》三寸《ずん》（約《やく》一九〇センチ）、体重《たいじゅう》三十貫《かん》

(1)城代《じょうだい》…城主《じょうしゅ》に代《か》わって城《しろ》を守《まも》り、政務《せいむ》を行《おこな》う職《しょく》。

(2)土豪《どごう》…その土地《とち》の豪族《ごうぞく》。地《じ》侍《ざむらい》。

（約百《やくひゃく》十三キロ）もあったという（『開国遺事《かいこくいじ》』）。
加《くわ》えて、豪胆《ごうたん》な性格《せいかく》を併《あわ》せ持《も》ち、彼《かれ》は元服前《げんぷくまえ》からその名《な》を近郷《きんごう》に知《し》られていた。が、どうしたことか高虎《たかとら》には、主人運《しゅじんうん》がなかった。
元亀元《げんきがん》（一五七〇）年《ねん》六月《がつ》、彼《かれ》は十五歳《さい》で本格的《ほんかくてき》な大会戦《だいかいせん》(3)、姉川《あねがわ》の合戦《かっせん》に初陣《ういじん》している。北近江《きたおうみ》（現《げん》・滋賀県北部《しがけんほくぶ》）を領有《りょうゆう》していた浅井長政《あざいながまさ》に仕《つか》えたのだが、対戦者《たいせんしゃ》の織田信長《おだのぶなが》と徳川家康《とくがわいえやす》に、浅井《あざい》・朝倉連合軍《あさくられんごうぐん》は敗《やぶ》れ、高虎《たかとら》の浅井家《あざいけ》での出世《しゅっせ》は夢《ゆめ》と消《き》える。
次《つぎ》に仕《つか》えた山本山城《やまもとやまじょう》の阿閉貞征《あつじさだゆき》も、その性格《せいかく》が気《き》に入《い》らずに出奔《しゅっぽん》。
ようやく、湖東《ことう》(4)の佐和山城主《さわやまじょうしゅ》で浅井家《あざいけ》の猛将《もうしょう》であった磯野員昌《いそのかずまさ》を頼《たよ》り、仕官《しかん》して正式《せいしき》に得《え》た家禄《かろく》(5)が八十石《こく》であった。高虎《たかとら》は懸命《けんめい》に仕《つか》えたが、織田家《おだけ》から員昌《かずまさ》の養子《ようし》に入《はい》った信澄《のぶずみ》は、自分《じぶん》を認《みと》めてくれない。
「これではいたしかたなし」
と、隙《すき》を見《み》て逃亡《とうぼう》した高虎《たかとら》は、郷里《きょうり》へ舞《ま》いもどったところ、織田家《おだけ》の出世頭《しゅっせがしら》・羽柴《はしば》（のち豊臣《とよとみ》）秀吉《ひでよし》が、湖岸《こがん》の「今浜《いまはま》」の領主《りょうしゅ》となり、地名《ちめい》も「長浜《ながはま》」と改《あらた》め、大《たい》そうな羽振《はぶ》りであることを知《し》る。

（3）会戦《かいせん》…多数《たすう》の軍勢《ぐんぜい》による大《おお》きな戦闘《せんとう》。
（4）湖東《ことう》…琵琶湖東岸《びわことうがん》の地域《ちいき》。
（5）家禄《かろく》…主君《しゅくん》が家臣《かしん》に与《あた》えた世襲制《せしゅうせい》の給料《きゅうりょう》。

すすめてくれる人《ひと》があり、高虎《たかとら》は秀吉《ひでよし》の弟《おとうと》・羽柴秀長《はしばひでなが》（当時《とうじ》は長《なが》秀《ひで》）に仕《つか》えることになった。かつての敵《てき》であったことは、意識《いしき》しない。自分《じぶん》を認《みと》めてくれることを高虎《たかとら》は、なによりも優先《ゆうせん》した。

秀長《ひでなが》は高虎《たかとら》を一目《ひとめ》みて、三百石《びゃくこく》の値《ね》をつけてくれる。高虎《たかとら》が二十一歳《さい》、主君《しゅくん》の秀長《ひでなが》が三十七歳頃《さいごろ》であった。

もっとも、年俸《ねんぽう》を聞《き》いた高虎《たかとら》は、「当然《とうぜん》のことよ」と、嘯《うそぶ》いたかもしれない。なにしろ、合戦《かっせん》の中《なか》で十代《だい》をかけ抜《ぬ》けたこの若武者《わかむしゃ》は、人《ひと》より優《すぐ》れた巨体《きょたい》を酷使《こくし》して、死《し》を恐《おそ》れず、つねに先陣《せんじん》の〝一番槍《いちばんやり》〟をこころがけ、退《しりぞ》くときは殿軍《しんがり》を志願《しがん》しつづけた。

暴虎馮河《ぼうこひょうが》(6)の勇《ゆう》ではあったが、その生命懸《いのちが》けの働《はたら》きぶりは、つとに周囲《しゅうい》を納得《なっとく》させるだけのものをもっており、だからこそ、次々《つぎつぎ》と主人《しゅじん》を替《か》えることができた、ともいえる。

それゆえ高虎《たかとら》には、不遇時代《ふぐうじだい》の自暴自棄《じぼうじき》がなかった。秀長《ひでなが》はそうした高虎《たかとら》の心根《こころね》をよく見通《みとお》していたといえよう。高虎《たかとら》は秀吉《ひでよし》の中国進攻《ちゅうごくしんこう》作戦《さくせん》に従《したが》い、その幕下《ばっか》(7)にあって武功《ぶこう》を積《つ》み、出世《しゅっせ》していく。

(6)暴虎馮河《ぼうこひょうが》…虎《とら》に素手《すで》で立《た》ち向《む》かい、徒歩《とほ》で大河《たいが》を渡《わた》ろうとすることの意《い》で、血気《けっき》にはやり無謀《むぼう》なことをすることのたとえ。

(7)幕下《ばっか》…大将《たいしょう》の配下《はいか》。

この巨漢《きょかん》＝高虎《たかとら》が、ほかの侍大将《さむらいだいしょう》たちと異《こと》なっていたのは、常《つね》に柔《じゅう》軟《なん》に、目前《もくぜん》のあたえられた職責《しょくせき》を、自《みずか》ら積極的《せっきょくてき》に果《は》たし得《え》たところにあった。突撃一本槍《とつげきいっぽんやり》の猪《いのしし》武者《むしゃ》かと思《おも》えばさにあらず、銃隊《じゅうたい》を預《あず》けられれば、鉄砲《てっぽう》に熟達《じゅくたつ》すべく懸命《けんめい》に努力《どりょく》し、自《みずか》ら習練《しゅうれん》した。

また、まったく見当違《けんとうちが》いの、仕分《しわ》けの帳簿《ちょうぼ》を整理《せいり》するように、と秀《ひで》長《なが》に命《めい》じられた時《とき》も、高虎《たかとら》は己《おのれ》の武辺《ぶへん》(8)を鼻《はな》にかけて拒絶《きょぜつ》することなく、必死《ひっし》に算盤《そろばん》をわがものとなし、さらには多忙《たぼう》な日々《ひび》の中《なか》で、戦《いくさ》の合間《あいま》に築城術《ちくじょうじゅつ》にも進《すす》んで興味《きょうみ》を示《しめ》した。

「築城《ちくじょう》は攻《せ》める立場《たちば》を、逆《ぎゃく》にして考《かんが》えればよい。守《まも》りの固《かた》い城《しろ》も、工《く》夫《ふう》できるはずだ」

高虎《たかとら》は単《たん》に思《おも》いつくだけでなく、かならず自《みずか》らの全身《ぜんしん》を動《うご》かした。

幸《さいわ》い近江《おうみ》にはすぐれた職工《しょっこう》、大工《だいく》の名人《めいじん》が多《おお》かった。算術《さんじゅつ》(9)の知識《ちしき》と合《あ》わせるように、それまでの己《おのれ》にはなかった専門分野《せんもんぶんや》の開拓《かいたく》に、彼《かれ》は余念《よねん》がなかった。無論《むろん》、それを許《ゆる》した秀長《ひでなが》——ひいては、秀吉《ひでよし》の影響《えいきょう》も大《おお》きかったに相違《そうい》ない。

(8)武辺《ぶへん》…武勇《ぶゆう》。

(9)算術《さんじゅつ》…数学《すうがく》。

秀長《ひでなが》の兄《あに》・秀吉《ひでよし》は、信長《のぶなが》の草履取《ぞうりと》り(10)からスタートし、馬《うま》の轡《くつわ》(11)をとり、台所方《だいどころかた》(12)として倹約《けんやく》に実績《じっせき》を積《つ》み、それをもって一軍《いちぐん》の将《しょう》への起用《きよう》を嘆《たん》願《がん》した。当時《とうじ》、武者働《むしゃばたら》きと台所方《だいどころかた》を厳《きび》しく区別《くべつ》する大名家《だいみょうけ》の多《おお》い中《なか》にあって、槍《やり》の功名《こうみょう》も後方《こうほう》の兵站《へいたん》の工夫《くふう》も、同《おな》じレベルで評価《ひょうか》した信《のぶ》長《なが》――それを学《まな》んだ秀吉《ひでよし》の考《かんが》え方《かた》が、まわりまわって出世人《しゅっせびと》「藤堂高《とうどうたか》虎《とら》」を創《つく》りあげた、といっても過言《かごん》ではあるまい。

高虎《たかとら》に関《かか》わる挿話《そうわ》にも、人材重視《じんざいじゅうし》・抜擢主義《ばってきしゅぎ》の信長《のぶなが》―秀吉主従《ひでよししゅじゅう》以《い》来《らい》の、多大《ただい》な感化《かんか》を物語《ものがた》るものが少《すく》なくない。

中国方面《ちゅうごくほうめん》での、ある戦《たたか》いでのことらしい。

名《な》だたる敵将《てきしょう》の首級《しるし》をあげた高虎《たかとら》は、近《ちか》くにいた自軍《じぐん》の足軽《あしがる》にそれを預《あず》け、さらに敵《てき》を求《もと》めて戦場《せんじょう》をかけ回《まわ》った。やがて合戦《かっせん》がおわり、高虎《たかとら》が足軽《あしがる》のもとへ戻《もど》ってくると、先《さき》ほどの兜首《かぶとくび》がない。聞《き》けば、つい居眠《いねむ》りをしてしまい、その間《あいだ》に誰《だれ》かに盗《ぬす》まれたというではないか。

普通《ふつう》なら足軽《あしがる》は、成敗《せいばい》されて当然《とうぜん》であった。高虎《たかとら》にすれば、生命懸《いのちが》けの代償《だいしょう》を失《うしな》ったのであるから。だが、高虎《たかとら》はそうはせず、

(10)草履取《ぞうりと》り…主人《しゅじん》の外出時《がいしゅつじ》に履物《はきもの》の草履《ぞうり》をそろえ、替《か》えの草履《ぞうり》を持《も》って供《とも》をする下《げ》僕《ぼく》。

(11)轡《くつわ》…馬《うま》の口《くち》にくわえさせ、手綱《たづな》をつけて馬《うま》を制御《せいぎょ》するための用具《ようぐ》。主人《しゅじん》の馬《うま》の轡《くつわ》を下僕《げぼく》がとって供《とも》をした。

(12)台所方《だいどころかた》…会計《かいけい》のやりくりをする役目《やくめ》。台所《だいどころ》が家《いえ》のまかないをするところであったことから、台所《だいどころ》が家計《かけい》を指《さ》すようになった。

「敵《てき》の首《くび》はまた取《と》ればよいが、お前《まえ》の生命《いのち》は一度《いちど》失《うしな》えば返《かえ》ってこぬからのォ」

そういって許《ゆる》した。足軽《あしがる》はよほど感動《かんどう》したのであろう、次《つぎ》の合戦《かっせん》では死《し》に物狂《ものぐる》いで働《はたら》き、見事《みごと》、兜首《かぶとくび》をあげて高虎《たかとら》に献上《けんじょう》した。高虎《たかとら》は大《おお》いに喜《よろこ》び、その足軽《あしがる》に目《め》をかけ、ついには(13)士分《しぶん》に取《と》り立《た》てたという。

さて、高虎《たかとら》の幸運《こううん》は、秀吉《ひでよし》の弟《おとうと》・秀長《ひでなが》にかわいがられたことに尽《つ》きた。最終的《さいしゅうてき》に天下《てんか》を統一《とういつ》した秀吉《ひでよし》のもとで、秀長《ひでなが》は但馬《たじま》（現《げん》・兵庫県《ひょうごけん》北部《ほくぶ》）南部《なんぶ》に大和一国《やまといっこく》（現《げん》・奈良県《ならけん》）を加《くわ》えられ、計百万石《けいひゃくまんごく》の大大名《だいだいみょう》となり、居城《きょじょう》を大和郡山城《やまとこおりやまじょう》（現《げん》・奈良県大和郡山市《ならけんやまとこおりやまし》）に定《さだ》める。

″(14)大和大納言《やまとだいなごん》″の誕生《たんじょう》である——高虎《たかとら》は、紀州粉河《きしゅうこかわ》（現《げん》・和歌山県《わかやまけん》紀《き》の川市粉河《かわしこかわ》）に一万石《まんごく》を拝領《はいりょう》する身代《しんだい》となった（三十歳《さい》）。

戦国乱世《せんごくらんせい》の中《なか》、彼《かれ》の人生《じんせい》は順風満帆《じゅんぷうまんぱん》といってよかったろう。しかし、人《ひと》の一生《いっしょう》はときに、思《おも》いがけない落《おと》し穴《あな》に遭遇《そうぐう》することがある。

徳川家康《とくがわいえやす》を屈伏《くっぷく》させ、九州征討《きゅうしゅうせいとう》をおこない、小田原《おだわら》を平定《へいてい》し、天下統一《てんかとういつ》を成《な》し遂《と》げた「豊臣秀吉《とよとみひでよし》」ではあったが、片腕《かたうで》として最《もっと》も信頼《しんらい》

(13)士分《しぶん》…武士《ぶし》の身分《みぶん》。

(14)大納言《だいなごん》…律令制《りつりょうせい》の官職《かんしょく》の一《ひと》つで、左右大臣《さゆうだいじん》に次《つ》ぐ重職《じゅうしょく》。

していた弟《おとうと》の秀長《ひでなが》に、ふいに死《し》なれてしまう。天正《てんしょう》十九（一五九一）年正月《ねんしょうがつ》二十二日《にち》のことであった。秀長《ひでなが》は、享年《きょうねん》五十二。

その死《し》に臨《のぞ》んで、高虎《たかとら》（三十六歳《さい》）が枕辺《まくらべ》に呼《よ》ばれ、秀長《ひでなが》の甥《おい》で養《よう》子《し》となっていた、十三歳《さい》の秀保《ひでやす》（関白秀次《かんぱくひでつぐ》の実弟《じってい》・秀俊《ひでとし》）の後見《こうけん》を頼《たの》まれるが、これがうまくいかなかった。

朝鮮出兵《ちょうせんしゅっぺい》の実務《じつむ》に携《たずさ》わっていた高虎《たかとら》は、秀保代理《ひでやすだいり》として渡海《とかい》することになり、新《あたら》しい主君《しゅくん》の日常《にちじょう》を後見《こうけん》することができず、酒色《しゅしょく》にはまり込《こ》んだ秀保《ひでやす》は、文禄《ぶんろく》四（一五九五）年《ねん》に病没《びょうぼつ》する（一説《いっせつ》に毒殺《どくさつ》）。

大和豊臣家《やまととよとみけ》＝百万石《ひゃくまんごく》は、無情《むじょう》にも断絶《だんぜつ》となった。失意《しつい》の高虎《たかとら》は高《こう》野山《やさん》へ登《のぼ》り、仏門《ぶつもん》へ帰依《きえ》(15)することを決断《けつだん》する。

もっとも秀吉《ひでよし》はそれを認《みと》めず、使者《ししゃ》を高野山《こうやさん》に遣《つか》わし、高虎《たかとら》に上洛《じょうらく》(16)を命《めい》じ、陪臣《ばいしん》(17)であった高虎《たかとら》を、伊予《いよ》（現《げん》・愛媛県《えひめけん》）の国内《こくない》で七万石《まんごく》の領主《りょうしゅ》として独立《どくりつ》させた。決《き》め手《て》は、実戦《じっせん》の才覚《さいかく》と築城術《ちくじょうじゅつ》。さらには、水軍《すいぐん》の指揮能力《しきのうりょく》にあった。

高虎《たかとら》はすでに、紀伊水軍《きいすいぐん》を率《ひき》いて朝鮮《ちょうせん》に渡海《とかい》しており、文禄《ぶんろく》の役《えき》で

(15)帰依《きえ》…神仏《しんぶつ》や高僧《こうそう》を信仰《しんこう》し、その教《おし》えに従《したが》い頼《たよ》ること。

(16)上洛《じょうらく》…京都《きょうと》に上《のぼ》ること。

(17)陪臣《ばいしん》…諸大名《しょだいみょう》の家臣《かしん》。

は四千《せん》八百人《ぴゃくにん》の水軍《すいぐん》を編成《へんせい》。慶長《けいちょう》二（一五九七）年《ねん》の再戦《さいせん》においても、千《せん》四百《ひゃく》七十三人《にん》の伊予《いよ》水軍《すいぐん》を指揮《しき》して活躍《かつやく》した。敵《てき》の海将《かいしょう》・李舜臣《イスンシン》(18)の水軍《すいぐん》に日本軍《にほんぐん》が敗《やぶ》れると、秀吉《ひでよし》からその挽回《ばんかい》をとくに命《めい》じられ、閑《かん》山島沖《ざんとうおき》の海戦《かいせん》で朝鮮水軍《ちょうせんすいぐん》に大勝《たいしょう》、味方《みかた》を勝利《しょうり》に導《みちび》いた。

「敵船《てきせん》を獲《と》ること百《ひゃく》六十余隻《よせき》、斬首数千《ざんしゅすうせん》——」

という藤堂軍《とうどうぐん》の成果《せいか》は、築城術《ちくじょうじゅつ》同様《どうよう》に徹底《てってい》して高虎《たかとら》がのめりこんだ水軍《すいぐん》の操練術《そうれんじゅつ》の研究《けんきゅう》によるものであった。秀吉《ひでよし》の死《し》によって、撤兵《てっぺい》することになった日本軍《にほんぐん》の、その実務指揮《じつむしき》を誰《だれ》が担当《たんとう》するのか。

「藤堂佐渡守《とうどうさどのかみ》（高虎《たかとら》）よりほかに、適任者《てきにんしゃ》はござるまい」

発言《はつげん》したのは、五大老《ごたいろう》の筆頭《ひっとう》・家康《いえやす》であった。

彼《かれ》も、高虎《たかとら》をよく見《み》ていたのである。この時点《じてん》で高虎《たかとら》も、次《つぎ》の天下《てんか》は家康殿《いえやすどの》、との確信《かくしん》を抱《いだ》いていたように思《おも》われる。

関ケ原《せきがはら》の合戦《かっせん》では、西軍荷担《せいぐんかたん》の諸将《しょしょう》の切《き》りくずしを担当《たんとう》。その功《こう》により、高虎《たかとら》は伊予今治《いよいまばり》に二十万石《まんごく》を領《りょう》する大名《だいみょう》となった。彼《かれ》は己《おのれ》の居《きょ》城《じょう》を、自《みずか》ら縄張《なわば》り(19)している。

(18)閑山島《かんざんとう》…現在《げんざい》の韓国《かんこく》の南部《なんぶ》にある島《しま》。

(19)縄張《なわば》り…建造物《けんぞうぶつ》などの予定《よてい》位置《いち》を、実際《じっさい》に地面《じめん》に縄《なわ》を張《は》りながら確定《かくてい》すること。

ときに家康《いえやす》は五十九歳《さい》、高虎《たかとら》も四十五歳《さい》となっていた。

高虎《たかとら》はこれまでの鉄砲《てっぽう》、算術《さんじゅつ》、築城《ちくじょう》、水軍《すいぐん》と同様《どうよう》、極《きわ》めて難《むずか》しい忍《しの》びの統率《とうそつ》をみごとに果《は》たし、大坂《おおさか》の陣《じん》の前夜《ぜんや》、大坂方《おおさかがた》の情報《じょうほう》を家康《いえやす》のもとへ頻繁《ひんぱん》に送《おく》りつづけた。しかもこの間《かん》、膳所城《ぜぜじょう》(20)、伏見城《ふしみじょう》(21)、伊賀上野城《いがうえのじょう》、安濃津城《あのつじょう》の竣工《しゅんこう》にも参画《さんかく》。これらは皆《みな》、大坂方《おおさかがた》を包囲《ほうい》する使命《しめい》を帯《お》びていた。大坂冬《おおさかふゆ》の陣《じん》では攻《せ》め手《て》の先鋒《せんぽう》をつとめ、和議《わぎ》を挟《はさ》んだ夏《なつ》の陣《じん》でも、多大《ただい》な犠牲者《ぎせいしゃ》を出《だ》しながら徳川方《とくがわがた》の勝利《しょうり》に貢献《こうけん》している。

家康《いえやす》よりの加増《かぞう》は五万石《まんごく》、従四位下《じゅしいのげ》(22)にも叙《じょ》された。元和《げんな》二（一六一六）年《ねん》四月《がつ》十七日《にち》、家康《いえやす》が七十五歳《さい》を一期《いちご》(23)として他界《たかい》し、秀忠《ひでただ》の治世《ちせい》となっても高虎《たかとら》は、毎月数度《まいつきすうど》、その諮問《しもん》(24)にも答《こた》えた。

将軍秀忠《しょうぐんひでただ》から、〝治国《ちこく》の要《よう》〟について問《と》われた高虎《たかとら》は、

「国《くに》を治《おさ》めるには何《なに》よりも、人《ひと》を知《し》ることが肝要《かんよう》でございます」

と答《こた》え、長所《ちょうしょ》と短所《たんしょ》をみきわめたうえで、人《ひと》を使《つか》うときは信《しん》じて疑《うたが》わぬことが大切《たいせつ》だと述《の》べた。

「――上《うえ》に疑《うたが》う心《こころ》があれば、下《した》もまた上《うえ》を疑《うたが》う。上下《じょうげ》互《たが》いに疑念《ぎねん》を

(20)膳所城《ぜぜじょう》…現在《げんざい》の滋賀県大津市《しがけんおおつし》本丸町《ほんまるちょう》にあった城《しろ》。

(21)伏見城《ふしみじょう》…現在《げんざい》の京都府京都市《きょうとふきょうとし》伏見区《ふしみく》にあった城《しろ》。

(22)従四位下《じゅしいのげ》…律令制《りつりょうせい》の位階《いかい》の一《ひと》つ。従四位上《じゅしいのじょう》の下《した》、正五位上《しょうごいのじょう》の上《うえ》。

(23)一期《いちご》…一生涯《いっしょうがい》。

(24)諮問《しもん》…有識者《ゆうしきしゃ》などに意見《いけん》を求《もと》めること。

持《も》てば、人心《じんしん》は離散《りさん》し、国《くに》に大事《だいじ》が起《お》きても力《ちから》をつくすものがない」何事《なにごと》もただ人《ひと》を得《え》ることだ、ともくり返《かえ》し述《の》べている。

高虎《たかとら》は元和《げんな》五（一六一九）年《ねん》、家康《いえやす》の生前《せいぜん》の希望《きぼう》でもあった秀忠《ひでただ》の娘《むすめ》・和子《かずこ》入内《じゅだい》(25)の斡旋《あっせん》(26)をおこない、翌年《よくねん》にはこれを実現《じつげん》に漕《こ》ぎつけている。

三代《だい》将軍《しょうぐん》家光《いえみつ》（秀忠《ひでただ》の嗣男《しなん》(27)）の入京《にゅうきょう》にも、何《なに》かと周旋《しゅうせん》をなし、家《いえ》康《やす》―秀忠《ひでただ》同様《どうよう》の信頼《しんらい》をよせられるにいたった。

寛永《かんえい》七（一六三〇）年《ねん》十月五日《がついつか》、高虎《たかとら》はその七十五年《ねん》の生涯《しょうがい》を閉《と》じる。この間《かん》、東叡山寛永寺《とうえいざんかんえいじ》(28)のかたわらに、東照宮《とうしょうぐう》(29)並《なら》びに別当《べっとう》(30)寒松院《かんしょういん》(31)を建立《こんりゅう》。大坂《おおさか》の陣《じん》で戦死《せんし》した家臣《かしん》のために、京都《きょうと》南禅寺《なんぜんじ》(32)山門《さんもん》を寄進《きしん》したりもしている。

毀誉褒貶《きよほうへん》(33)はあるが、徒手空拳《としゅくうけん》(34)で出発《しゅっぱつ》し、累進《るいしん》(35)してついには三十二万《まん》三千《ぜん》九百《ひゃく》五十石余《こくあまり》の太守《たいしゅ》となったその生《い》き方《かた》は、多《おお》くの可能性《かのうせい》、処世《しょせい》の術《すべ》を、現代《げんだい》のわれわれにも語《かた》り掛《か》けてくれるように思《おも》われるのだが、いかがであろうか。

(25) 入内《じゅだい》…天皇《てんのう》の后妃《こうひ》となる女性《じょせい》が正式《せいしき》に宮中《きゅうちゅう》に入《はい》ること。

(26) 斡旋《あっせん》…間《あいだ》に入《はい》って仲立《なかだ》ちや世話《せわ》をすること。周旋《しゅうせん》。

(27) 嗣男《しなん》…跡継《あとつ》ぎの男子《だんし》。

(28) 東叡山寛永寺《とうえいざんかんえいじ》…現在《げんざい》の東京《とうきょう》都台東区《とたいとうく》にある寺《てら》で、徳川《とくがわ》将軍家《しょうぐんけ》の菩提寺《ぼだいじ》の一《ひと》つ。

(29) 東照宮《とうしょうぐう》…家康《いえやす》を祀《まつ》る神社《じんじゃ》。

(30) 別当《べっとう》…神社《じんじゃ》を管理《かんり》する寺《てら》。江戸《えど》時代以前《じだいいぜん》には、寺《てら》でも神《かみ》を祀《まつ》っていた。

(31) 寒松院《かんしょういん》…創建当時《そうけんとうじ》は上野東《うえのとう》照宮《しょうぐう》の隣《となり》にあった寺《てら》。現在《げんざい》は寛永寺《かんえいじ》の子院《しいん》の一《ひと》つ。

(32) 南禅寺《なんぜんじ》…現在《げんざい》の京都市左京《きょうとしさきょう》区南禅寺福地町《くなんぜんじふくちちょう》にある寺《てら》。

(33) 毀誉褒貶《きよほうへん》…ほめることとけなすこと。世間《せけん》の評判《ひょうばん》。

(34) 徒手空拳《としゅくうけん》…資金《しきん》や地位《ちい》がなく、身一《みひと》つであること。

(35) 累進《るいしん》…地位《ちい》などが次々《つぎつぎ》に上《うえ》にのぼること。

豆知識《まめちしき》①

藤堂家《とうどうけ》の旗指物《はたさしもの》の由来《ゆらい》、高虎《たかとら》が食《た》べた餅《もち》とは？

北近江《きたおうみ》（現《げん》・滋賀県北部《しがけんほくぶ》）の浅井家《あざいけ》を出奔《しゅっぽん》した藤堂高虎《とうどうたかとら》は、次《つぎ》に仕《つか》えた阿閉家《あつじけ》も早々《そうそう》に飛《と》び出《だ》し、放浪《ほうろう》の身《み》となった。

一説《いっせつ》に、元亀《げんき》三（一五七二）年《ねん》の頃《ころ》の話《はなし》だという。

やがて高虎《たかとら》は、東《ひがし》を目指《めざ》したが、三河《みかわ》国吉田宿《くによしだじゅく》（現《げん》・愛知県豊橋市《あいちけんとよはしし》）まで来《き》たところで、一文《いちもん》なしとなってしまった。

ふと見《み》ると、そこに餅屋《もちや》の看板《かんばん》が……。

高虎《たかとら》は、あまりの空腹《くうふく》に耐《た》えきれず、ついお盆《ぼん》の上《うえ》に積《つ》んであった餅《もち》を平《たい》らげてしまった。もちろん、代金《だいきん》は払《はら》えない。この男《おとこ》のおもしろいところは、素直《すなお》に無銭飲食《むせんいんしょく》を認《みと》めたところであろう。

また、このときの主人《しゅじん》も偉《えら》かった。

餅代《もちだい》を出世払《しゅっせばら》いにしてくれ、

「東《ひがし》などに向《む》かわず、故郷《こきょう》へ帰《かえ》って親孝《おやこう》行《こう》しなさい」

と高虎《たかとら》を諭《さと》したという。

高虎《たかとら》はこのときの恩《おん》を忘《わす》れないように、後年《こうねん》、藤堂家《とうどうけ》の旗指物《はたさしもの》を「城持《しろも》ち」にも通《つう》じる白餅柄《しろもちがら》にしたといわれている。

ちなみに、厳密《げんみつ》にいえば、餅《もち》と餅菓子《もちがし》は別《べつ》ものである。餅《もち》は、もち米《ごめ》を粒《つぶ》のまま蒸《む》して、臼《うす》で搗《つ》き固《かた》めたもの。あるいは、米《こめ》の粉《こな》をこねて蒸《む》したもので、「団《だん》子《ご》」との区別《くべつ》はなかった。

中国語《ちゅうごくご》の餅《ピン》は小麦粉製品《こむぎこせいひん》のことだが、日本語《にほんご》では餅米《もちいい》＝粘《ねば》る飯《めし》である。または、持《も》って歩《ある》ける飯《めし》＝餅《もち》とも。

『豊後国風土記《ぶんごのくにふどき》』に、すでに餅《もち》の説話《せつわ》は出《で》ているので、奈良時代《ならじだい》には早《はや》くも広《ひろ》く食《しょく》され、平安時代《へいあんじだい》に入《はい》ると、正月《しょうがつ》の祝儀《しゅうぎ》に用《もち》いられるようになったようだ。

これは中国《ちゅうごく》からは歯固《はがため》の風習《ふうしゅう》（元日《がんじつ》に堅《かた》い餅《もち》を噛《か》みしめて、歯《は》を強《つよ》くする儀《ぎ》式《しき》）から入《はい》ったもの、といわれている。

それがやがて、年中行事《ねんじゅうぎょうじ》として種々《しゅじゅ》もちいられるようになり、意外《いがい》なことに中《ちゅう》世《せい》では、餅《もち》はお酒《さけ》の肴《さかな》でもありつづけた。

一方《いっぽう》の餅菓子《もちがし》は、餅《もち》を皮《かわ》にして中《なか》に餡《あん》を包《つつ》んだもの。〝餡《あん》ころ餅《もち》〟ともいう。

大半《たいはん》は江戸時代《えどじだい》に入《はい》ってから、工夫《くふう》されたものである。

最《もっと》も古《ふる》いものは、「椿餅《つばきもち》」であろう。

餅《もち》の表裏《ひょうり》に椿《つばき》の葉《は》を挟《はさ》んで、甘味料《かんみりょう》に甘葛《あまづら》をもちいた。これは平安時代《へいあんじだい》に、すでに存在《そんざい》している。おそらく高虎《たかとら》が食《た》べたのは、この餅《もち》であったかと思《おも》われる。

上杉征討《うえすぎせいとう》…徳川家康《とくがわいえやす》が、自分《じぶん》に従《したが》わない会津《あいづ》の上杉景勝《うえすぎかげかつ》を討《う》つために起《お》こした戦《たたか》い。

豆知識《まめちしき》②

関ヶ原《せきがはら》の合戦《かっせん》で見《み》せた高虎《たかとら》の真価《しんか》とは？

慶長《けいちょう》五（一六〇〇）年《ねん》九月《がつ》十五日《にち》――〝天《てん》下《か》分《わ》け目《め》〟の関ヶ原《せきがはら》の合戦《かっせん》の前夜《ぜんや》、藤堂高虎《とうどうたかとら》は徳川家康《とくがわいえやす》の軍師的《ぐんしてき》な立場《たちば》にあり、黒田長政《くろだながまさ》とともに、西軍荷担《せいぐんかたん》の諸将《しょしょう》の切《き》り崩《くず》しを担当《たんとう》した。

たとえば、小早川秀秋《こばやかわひであき》には、

「わが藤堂家《とうどうけ》が大谷吉継殿《おおたによしつぐどの》へ討《う》ちかかったなら、それを合図《あいず》に大谷勢《おおたにぜい》へ横《よこ》から槍《やり》を入《い》れていただきたい」

と申《もう》し入《い》れ、大谷吉継《おおたによしつぐ》の与力《よりき》――脇坂安治《わきざかやすはる》、朽木元綱《くつきもとつな》、小川祐忠《おがわすけただ》、赤座吉家《あかざよしいえ》など――近江出身《おうみしゅっしん》の諸将《しょしょう》にも、ひそかに小早川軍《こばやかわぐん》が行動《こうどう》を起《お》こしたなら、すぐさまそれを合図《あいず》に東軍《とうぐん》へ寝返《ねがえ》るように、と工作《こうさく》したという。また、数字《すうじ》に強《つよ》かった高虎《たかとら》は、東西両軍《とうざいりょうぐん》の実力《じつりょく》を、細々《こまごま》とした数字《すうじ》をあげて分析《ぶんせき》し、利害《りがい》をもって彼《かれ》らを説《と》いてまわった。

一方《いっぽう》、高虎《たかとら》が上杉征討《うえすぎせいとう》（関ヶ原《せきがはら》の起《お》こり）の軍《ぐん》に参加《さんか》してのち、留守《るす》を預《あず》かる大坂《おおさか》の藤堂屋敷《とうどうやしき》では、西軍《せいぐん》の石田三成《いしだみつなり》から、人質《ひとじち》を出《だ》せ、との命令《めいれい》が来《き》た。

「納得《なっとく》できませぬな。淀殿《よどどの》と秀頼《ひでより》さまが、藤堂《とうどう》を討《う》つといわれるならば、かなわぬまでも当家《とうけ》の留守《るす》を預《あず》かる者共《ものども》は、内府公《ないふこう》（家康《いえやす》）と東下中《とうかちゅう》の、諸家《しょけ》の留守《るす》居《い》と語《かた》り合《あ》い、大坂城下《おおさかじょうか》を火《ひ》の海《うみ》にいたしてみせるが、いかがでござる」

きっぱりとした申《もう》し出《で》に、三成《みつなり》は人質《ひとじち》を取《と》ることを断念《だんねん》したという。

そして関ヶ原《せきがはら》の合戦当日《かっせんとうじつ》は、高虎《たかとら》の切《き》り崩《くず》しもあって、東軍《とうぐん》の圧勝《あっしょう》となった。

このおり自刃《じじん》した、大谷吉継《おおたによしつぐ》の首《くび》を埋《う》めたその家臣《かしん》・湯浅五助《ゆあさごすけ》は、槍《やり》を合《あ》わせて敗《やぶ》れた藤堂高刑《とうどうたかのり》（高虎《たかとら》の甥《おい》）にその場所《ばしょ》を告《つ》げ、決《けっ》して口外《こうがい》せぬことを嘆願《たんがん》して死《し》んだ。やがて高刑《たかのり》は、家康《いえやす》と高虎《たかとら》の前《まえ》で、吉継《よしつぐ》の首《くび》について問《と》われるが、武士《ぶし》の約定《やくじょう》である、とついに、首《くび》のありかを明《あ》かさなかった。

このとき高虎《たかとら》は高刑《たかのり》を責《せ》めず、家康《いえやす》も重《かさ》ねて問《と》わず、藤堂家《とうどうけ》はのちに吉継《よしつぐ》の首《くび》を埋《う》めた場所《ばしょ》へ宝篋印塔《ほうきょういんとう》を建《た》て、その前《まえ》に湯浅五助《ゆあさごすけ》の墓《はか》も建立《こんりゅう》している。

戦後《せんご》、高虎《たかとら》は三成《みつなり》の居城《きょじょう》・佐和山城《さわやまじょう》（現《げん》・滋賀県彦根市佐和山町《しがけんひこねしさわやまちょう》）の攻撃《こうげき》にも参加《さんか》。それらの戦功《せんこう》により、高虎《たかとら》は伊予今治《いよいまばり》（現《げん》・愛媛県今治市《えひめけんいまばりし》）に二十万石《まんごく》を領《りょう》する大名《だいみょう》となったのである。

豆知識《まめちしき》③

高虎《たかとら》は〝忍《しの》び〟を統率《とうそつ》し、和子《かずこ》入内《じゅだい》を実現《じつげん》させた!?

慶長《けいちょう》十三（一六〇八）年《ねん》、徳川家康《とくがわいえやす》より伊賀《いが》・伊勢《いせ》（現《げん》・三重県西《みえけんせい》・中部《ちゅうぶ》）を拝領《はいりょう》した藤堂高虎《とうどうたかとら》は、伊賀《いが》の〝忍《しの》び〟の統率《とうそつ》も引《ひ》き受《う》けた。

古来《こらい》、伊賀《いが》の〝忍《しの》び〟は、数《すう》十人《にん》で徒《と》党《とう》を組《く》み、各々《おのおの》が共和制《きょうわせい》を敷《し》き、守護《しゅご》や地頭《じとう》に抵抗《ていこう》した。その共和制《きょうわせい》に止《とど》めを刺《さ》したのが、織田信長《おだのぶなが》であった。もし、信《のぶ》長横死《ながおうし》の本能寺《ほんのうじ》の変《へん》に際《さい》して、彼《かれ》らが家《いえ》康《やす》の伊賀越《いがご》えを成功《せいこう》させていなければ、その系譜《けいふ》は絶《た》えていたかもしれない。

家康《いえやす》は祖父《そふ》の清康《きよやす》の代《だい》に仕《つか》えた伊賀《いが》者《もの》・服部石見守保長《はっとりいわみのかみやすなが》の子《こ》・半蔵《はんぞう》（正成《まさなり》）に忍《しの》びを率《ひき》いさせ、江戸城《えどじょう》から直接《ちょくせつ》つながる唯一《ゆいいつ》の街道《かいどう》、甲州街道《こうしゅうかいどう》の守護《しゅご》、通過《つうか》門《もん》の警備《けいび》を命《めい》じた。

高虎《たかとら》は、伊賀《いが》を統治《とうち》するにあたって、まず、服部半蔵《はっとりはんぞう》の血縁者《けつえんしゃ》である保田采女《やすだうねめ》を召《め》し出《だ》し、己《おのれ》の「藤堂《とうどう》」姓《せい》を与《あた》えて家《か》老《ろう》に抜擢《ばってき》。また、〝忍町《しのびまち》〟もつくり、彼《かれ》らの技術《ぎじゅつ》を大坂攻《おおさかぜ》めに活用《かつよう》、重要《じゅうよう》な情報《じょうほう》の供給源《きょうきゅうげん》にしようとした。

大坂冬《おおさかふゆ》の陣《じん》、つづく夏《なつ》の陣《じん》において、高虎《たかとら》がどのように忍《しの》びを用《もち》いたかは詳《くわ》しく伝《つた》えられてはいないが、その片鱗《へんりん》は家《いえ》康《やす》の死後《しご》、垣間見《かいまみ》える。

臨終《りんじゅう》に際《さい》して、家康《いえやす》が秀忠《ひでただ》の女《むすめ》・和子《かずこ》を、後水尾天皇《ごみずのおてんのう》（百《ひゃく》八代《だい》）に嫁《とつ》がせることができなかったことが心残《こころのこ》りだ、と高《たか》虎《とら》に告《つ》げたことで、彼《かれ》は朝廷工作《ちょうていこうさく》を担当《たんとう》することとなった。

この頃《ころ》、朝廷《ちょうてい》は〝反徳川《はんとくがわ》〟と表立《おもてだ》ってはいえないまでも、素直《すなお》に幕府《ばくふ》のいう事《こと》を聞《き》き入《い》れるような状況《じょうきょう》にはなかった。

和子入内《かずこじゅだい》に反対《はんたい》する朝廷《ちょうてい》の空気《くうき》を察知《さっち》し、高虎《たかとら》は〝忍《しの》び〟の諜報活動《ちょうほうかつどう》により、内部《ないぶ》に親徳川《しんとくがわ》派《は》を創《つく》り、入内《じゅだい》への道《みち》をひらいた。元和《げんな》五（一六一九）年秋《ねんあき》には、和子《かずこ》の輿入《こしい》れが内定《ないてい》したのち、ときの後《ご》水尾天皇《みずのおてんのう》の周辺《しゅうへん》に女性問題《じょせいもんだい》があることを探知《たんち》した高虎《たかとら》は、将軍秀忠《しょうぐんひでただ》に働《はたら》きかけ、天皇《てんのう》の周辺《しゅうへん》にいる〝反徳川《はんとくがわ》〟派《は》の公家《くげ》たちを一斉《いっせい》に処分《しょぶん》させる。

そのうえで、翌年《よくねん》六月《がつ》、和子《かずこ》は御所《ごしょ》に入《はい》った。やがて和子《かずこ》は二男《なん》四女《じょ》に恵《めぐ》まれ、一宮興子内親王《いちのみやおきこないしんのう》は明正天皇《めいしょうてんのう》（第百《だいひゃく》九代《だい》）となる。高虎《たかとら》の尽力《じんりょく》により、徳川家《とくがわけ》が天皇《てんのう》の外戚《がいせき》となるという家康《いえやす》の願《ねが》いは、ついに実現《じつげん》したのであった。

共和制《きょうわせい》…選挙《せんきょ》などで選《えら》ばれた代表者《だいひょうしゃ》によって統治《とうち》される政治制度《せいじせいど》。守護《しゅご》…鎌倉《かまくら》・室町幕府《むろまちばくふ》が国《くに》ごとに設置《せっち》した、治安《ちあん》・警備《けいび》に当《あ》たった地方官《ちほうかん》。

年表《ねんぴょう》

弘治《こうじ》二（1556）年《ねん》

正月六日《しょうがつむいか》、藤堂高虎《とうどうたかとら》、近江国《おうみのくに》犬上郡《いぬかみごおり》藤堂村《とうどうむら》（現《げん》・滋賀《しが》県《けん》犬上郡《いぬかみぐん》甲良町《こうらちょう》在士《ざいじ》）に藤堂虎高《とうどうとらたか》の次男《じなん》として生《う》まれる。幼名《ようみょう》は与吉《よきち》。

永禄《えいろく》十一（1568）年《ねん》

この年《とし》、与吉《よきち》、賊《ぞく》を討《う》ち取《と》る。

永禄《えいろく》十二（1569）年《ねん》

この年《とし》、与吉《よきち》の兄《あに》・高則《たかのり》が戦死《せんし》する。

元亀元《げんきがん》（1570）年《ねん》

この年《とし》、与吉《よきち》、元服《げんぷく》して「高虎《たかとら》」と名乗《なの》る。同年《どうねん》、高虎《たかとら》、近江国《おうみのくに》小谷城《おだにじょう》（現《げん》・滋賀県長浜市《しがけんながはまし》）の浅《あさ》井長政《いながまさ》に仕《つか》え、六月《がつ》の姉川《あねがわ》の戦《たたか》いで初陣《ういじん》を飾《かざ》る。

元亀《げんき》三（1572）年《ねん》

この年《とし》、高虎《たかとら》、浅井家《あざいけ》を出奔《しゅっぽん》し、近江国《おうみのくに》山本山城《やまもとやまじょう》（現《げん》・滋賀県長浜市《しがけんながはまし》）の阿閉貞征《あつじさだゆき》に仕《つか》える。

天正元《てんしょうがん》（1573）年《ねん》

この年《とし》、高虎《たかとら》、阿閉家《あつじけ》を出奔《しゅっぽん》し、近江国《おうみのくに》佐和山城《さわやまじょう》（現《げん》・滋賀県彦根市《しがけんひこねし》）の磯野員昌《いそのかずまさ》に仕《つか》え、八十石《こく》を与《あた》えられる。

天正《てんしょう》三（1575）年《ねん》
この頃《ころ》、磯野員昌《いそのかずまさ》が隠居《いんきょ》したとされ、高虎《たかとら》は員昌《かずまさ》の養嗣《ようし》子《し》・織田《おだ》信澄《のぶずみ》に仕《つか》える。

天正《てんしょう》四（1576）年《ねん》
この年《とし》、高虎《たかとら》、織田家《おだけ》を出奔《しゅっぽん》し、羽柴《はしば》（のち豊臣《とよとみ》）秀長《ひでなが》に仕《つか》え、三百《びゃく》石《こく》を与《あた》えられる。

天正《てんしょう》五（1577）年《ねん》
この年《とし》、高虎《たかとら》、羽柴《はしば》（のち豊臣《とよとみ》）秀吉《ひでよし》の中国征討《ちゅうごくせいとう》（毛利《もうり》攻《ぜ》め）に従《したが》い、秀長《ひでなが》の配下《はいか》として戦《たたか》う。

天正《てんしょう》八（1580）年《ねん》
正月《しょうがつ》、高虎《たかとら》、秀吉《ひでよし》の播磨《はりま》三木城《みきじょう》（現《げん》・兵庫県三木市《ひょうごけんみきし》）攻《ぜ》めで戦功《せんこう》を上《あ》げ、三千《ぜん》石《ごく》を加増《かぞう》されて三千《ぜん》三百《びゃく》石《こく》となる。

天正《てんしょう》九（1581）年《ねん》
この年《とし》、高虎《たかとら》、一色修理太夫《いっしきしゅりだゆう》の娘《むすめ》（久芳《きゅうほう》）と結婚《けっこん》する。

天正《てんしょう》十（1582）年《ねん》
六月《がつ》、高虎《たかとら》、本能寺《ほんのうじ》の変後《へんご》、秀長《ひでなが》の配下《はいか》として山崎《やまざき》の戦《たたか》いを戦《たたか》う。

天正《てんしょう》十一（1583）年《ねん》
この年《とし》、高虎《たかとら》、秀長《ひでなが》に従《したが》い、伊勢国《いせのくに》（現《げん》・三重県北中《みえけんほくちゅう》部《ぶ》）で滝川一益《たきがわかずます》と戦《たたか》う。
四月《がつ》、高虎《たかとら》、賤ケ岳《しずがたけ》の戦《たたか》いで戦功《せんこう》をあげ、秀吉《ひでよし》より千《せん》石《ごく》、秀長《ひでなが》より三百石《びゃくこく》を加増《かぞう》され、四千《せん》六百石《びゃくこく》となる。

天正《てんしょう》十二（1584）年《ねん》

三月《がつ》、高虎《たかとら》、小牧《こまき》・長久手《ながくて》の戦《たたか》いに従軍《じゅうぐん》する。

天正《てんしょう》十三（1585）年《ねん》

この年《とし》、高虎《たかとら》、秀吉《ひでよし》の紀州征討《きしゅうせいとう》に秀長《ひでなが》とともに従《したが》う。
同年《どうねん》、高虎《たかとら》、秀吉《ひでよし》の四国征討《しこくせいとう》に秀長《ひでなが》とともに従《したが》い、土佐《とさの》国《くに》（現《げん》・高知県《こうちけん》）の長宗我部元親《ちょうそかべもとちか》と戦《たたか》う。
同年《どうねん》、高虎《たかとら》、五千《せん》四百石《ひゃくこく》を加増《かぞう》され、一万石《まんごく》になり大名《だいみょう》格《かく》の身分《みぶん》となる。

天正《てんしょう》十四（1586）年《ねん》

この年《とし》、高虎《たかとら》、家康《いえやす》の上洛《じょうらく》に際《さい》して、家康《いえやす》の京都屋敷《きょうとやしき》の造営《ぞうえい》を担当《たんとう》する。

天正《てんしょう》十五（1587）年《ねん》

四月《がつ》、高虎《たかとら》、秀長軍《ひでながぐん》の先鋒《せんぽう》として日向国《ひゅうがのくに》根白坂《ねじろざか》（現《げん》・宮崎県《みやざきけん》児湯郡《こゆぐん》木城町《きじょうちょう》椎木《しいのき》）で島津氏《しまづし》と戦《たたか》う。
この年《とし》、高虎《たかとら》、九州征討《きゅうしゅうせいとう》の戦功《せんこう》により従五位下《じゅごいのげ》に叙《じょ》され、佐渡守《さどのかみ》と称《しょう》する。
同年《どうねん》、高虎《たかとら》、一万石《まんごく》を加増《かぞう》され、紀州粉河《きしゅうこかわ》（現《げん》・和歌山《わかやま》

	県《けん》紀《き》の川《かわ》市《し》）二万石《まんごく》となる。 同年《どうねん》、高虎《たかとら》、丹羽長秀《にわながひで》の三男《なん》・仙丸《せんまる》（のち高吉《たかよし》）を養《よう》子《し》とする。
天正《てんしょう》十八（1590）年《ねん》	三月《がつ》、高虎《たかとら》、小田原征討《おだわらせいとう》へ出陣《しゅつじん》し、秀長《ひでなが》の軍《ぐん》を率《ひき》いて伊《い》豆韮山城《ずにらやまじょう》（現《げん》・静岡県伊《しずおかけんい》豆《ず》の国市《くにし》）を攻略《こうりゃく》する
天正《てんしょう》十九（1591）年《ねん》	正月《しょうがつ》二十二日《にち》、秀長没《ひでながぼつ》、享年《きょうねん》五十二。その後《ご》、高虎《たかとら》、秀長《ひでなが》の嗣子《しし》・秀保《ひでやす》の後見役《こうけんやく》となる。
文禄元《ぶんろくがん》（1592）年《ねん》	この年《とし》、高虎《たかとら》、秀吉《ひでよし》の朝鮮出兵《ちょうせんしゅっぺい》（文禄《ぶんろく》の役《えき》）に従《したが》う。
文禄《ぶんろく》四（1595）年《ねん》	四月《がつ》十六日《にち》、秀保没《ひでやすぼつ》、享年《きょうねん》十七。その後《ご》、高虎《たかとら》、高野《こうや》山《さん》へ入《はい》るが、秀吉《ひでよし》に請《こ》われて下山《げざん》する。 七月《がつ》、高虎《たかとら》、秀吉《ひでよし》より五万石《まんごく》を加増《かぞう》され、伊予国宇和《いよのくにうわ》島《じま》（現《げん》・愛媛県宇和島市《えひめけんうわじまし》）七万石《まんごく》を与《あた》えられる。
慶長《けいちょう》二（1597）年《ねん》	この年《とし》、高虎《たかとら》、再《ふた》び秀吉《ひでよし》の朝鮮出兵《ちょうせんしゅっぺい》（慶長《けいちょう》の役《えき》）に従《したが》い、水軍《すいぐん》を率《ひき》いて朝鮮水軍《ちょうせんすいぐん》を撃破《げきは》する。

慶長《けいちょう》三（1598）年《ねん》

八月《がつ》十八日《にち》、秀吉没《ひでよしぼつ》、享年《きょうねん》六十二。
この年《とし》、高虎《たかとら》、家康《いえやす》より、朝鮮《ちょうせん》に残《のこ》る将兵《しょうへい》の引《ひ》き揚《あ》げを命《めい》じられる。
同年《どうねん》、高虎《たかとら》、朝鮮出兵《ちょうせんしゅっぺい》の戦功《せんこう》により一万石《まんごく》を加増《かぞう》され、伊予大洲《いよおおず》（現《げん》・愛媛県大洲市《えひめけんおおずし》）で八万石《まんごく》となる。

慶長《けいちょう》五（1600）年《ねん》

九月《がつ》十五日《にち》、高虎《たかとら》、関ケ原《せきがはら》の戦《たたか》いで東軍《とうぐん》に属《ぞく》して勝利《しょうり》する。高虎《たかとら》、関ケ原《せきがはら》の戦功《せんこう》により、十二万石《まんごく》を加増《かぞう》され、伊予今治《いよいまばり》（現《げん》・愛媛県今治市《えひめけんいまばりし》）二十万石《まんごく》となる。

慶長《けいちょう》六（1601）年《ねん》

この年《とし》、高虎《たかとら》、近江膳所城《おうみぜぜじょう》（現《げん》・滋賀県大津市《しがけんおおつし》）の縄張《なわば》りを担当《たんとう》する。
閏《うるう》十一月《がつ》十一日《にち》、嫡子《ちゃくし》・高次《たかつぐ》が誕生《たんじょう》する。

慶長《けいちょう》九（1604）年《ねん》

この年《とし》、高虎《たかとら》、伏見城《ふしみじょう》（現《げん》・京都府京都市伏見区《きょうとふきょうとしふしみく》）の修築《しゅうちく》に携《たずさ》わる。

慶長《けいちょう》十（1605）年《ねん》

この年《とし》、高虎《たかとら》、松寿夫人《しょうじゅふじん》と子《こ》の高次《たかつぐ》を人質《ひとじち》として江戸《えど》へ差《さ》し出《だ》す。

慶長《けいちょう》十一（1606）年《ねん》

この年《とし》、高虎《たかとら》、江戸《えど》城《じょう》の修築《しゅうちく》に携《たずさ》わり、その功《こう》により二万石《まんごく》を加増《かぞう》される。

慶長《けいちょう》十二（1607）年《ねん》

この年《とし》、高虎《たかとら》、官名《かんめい》を「和泉守《いずみのかみ》」に改《あらた》める。

慶長《けいちょう》十三（1608）年《ねん》

八月《がつ》、高虎《たかとら》、家康《いえやす》より伊賀《いが》・伊勢《いせ》（現《げん》・三重県西《みえけんせい》・中部《ちゅうぶ》）へ転封《てんぽう》となり、伊勢国安濃郡《いせのくにあのうぐん》・一志郡内《いちしぐんない》、伊予国越《いよのくにお》智郡《ちぐん》（現《げん》・愛媛県越智郡《えひめけんおちぐん》※高吉支配《たかよししはい》）の計《けい》二十二万《まん》三千《ぜん》九百《ひゃく》五十石余《こくあまり》となる。

九月《がつ》、高虎《たかとら》、伊賀上野城《いがうえのじょう》（現《げん》・三重県伊賀市《みえけんいがし》）へ入《はい》る。その後《ご》（十月下旬《がつげじゅん》から十一月上旬《がつじょうじゅん》にかけて）、安濃《あの》津城《つじょう》（現《げん》・三重県津市《みえけんつし》）に入《はい》る。

慶長《けいちょう》十四（1609）年《ねん》

この年《とし》、高虎《たかとら》、丹波篠山城《たんばささやまじょう》（現《げん》・兵庫県篠山市《ひょうごけんささやまし》）の修築《しゅうちく》に携《たずさ》わる。

慶長《けいちょう》十五（1610）年《ねん》

この年《とし》、高虎《たかとら》、丹波亀山城《たんばかめやまじょう》（現《げん》・京都府亀山市《きょうとふかめやまし》）の修築《しゅうちく》に携《たずさ》わる。

慶長《けいちょう》十六（1611）年《ねん》

この年《とし》、高虎《たかとら》、安濃津城《あのつじょう》・伊賀上野城《いがうえのじょう》の改修《かいしゅう》に着手《ちゃくしゅ》する。

慶長《けいちょう》十九（1614）年《ねん》

三月《がつ》、高虎《たかとら》、二条城《にじょうじょう》で家康《いえやす》・秀頼《ひでより》会見《かいけん》の接待役《せったいやく》を務《つと》める。
この年《とし》、高虎《たかとら》、江戸《えど》城本丸《じょうほんまる》の修築《しゅうちく》に携《たずさ》わる。
十月《がつ》、大坂冬《おおさかふゆ》の陣《じん》に従軍《じゅうぐん》するため、安濃津城《あのつじょう》を出発《しゅっぱつ》する。

慶長《けいちょう》二十（1615）年《ねん》
※七月《がつ》十三日《にち》に元和《げんな》へ改元《かいげん》

五月《がつ》、高虎《たかとら》、大坂夏《おおさかなつ》の陣《じん》に従軍《じゅうぐん》する。その後《ご》、夏《なつ》の陣《じん》の戦功《せんこう》により、伊勢国鈴鹿郡《いせのくにすずかぐん》等《とう》四郡《ぐん》の内《うち》で五万石《まんごく》を加増《かぞう》され、二十七万《まん》三千《ぜん》九百《ひゃく》五十石余《こくあまり》となる。

元和《げんな》二（1616）年《ねん》

四月《がつ》十七日《にち》、家康没《いえやすぼつ》、享年《きょうねん》七十五。
この年《とし》、高虎《たかとら》の正室《せいしつ》・久芳没《きゅうほうぼつ》。
同年《どうねん》、高虎《たかとら》、日光東照宮《にっこうとうしょうぐう》の造営《ぞうえい》にあたる。

元和《げんな》三（1617）年《ねん》

四月《がつ》、家康《いえやす》が日光山《にっこうさん》に改葬《かいそう》される。
この年《とし》、高虎《たかとら》、秀忠《ひでただ》より伊勢国《いせのくに》田丸《たまる》（現《げん》・三重県度会《みえけんわたらい》郡玉城町《ぐんたまきちょう》）五万石《まんごく》を加増《かぞう》され、三十二万《まん》三千《ぜん》九百《ひゃく》五十石余《こくあまり》となる。

元和《げんな》五（1619）年《ねん》

この年《とし》、高虎《たかとら》、徳川頼宣《とくがわよりのぶ》の和歌山転封《わかやまてんぽう》にともない、田丸《たまる》領《りょう》五万石《まんごく》を大和国《やまとのくに》四郡《ぐん》・山城国《やましろのくに》一郡《ぐん》と交換《こうかん》する。

元和《げんな》六（1620）年《ねん》

この年《とし》、高虎《たかとら》、大坂城《おおさかじょう》の修築《しゅうちく》に携《たずさ》わる。
六月《がつ》、高虎《たかとら》、徳川秀忠《とくがわひでただ》の娘《むすめ》・和子《かずこ》（東福門院《とうふくもんいん》）の入内《じゅだい》に働《はたら》き、実現《じつげん》する。

元和《げんな》七（1621）年《ねん》

この年《とし》、高虎《たかとら》、二条城《にじょうじょう》（現《げん》・京都府京都市中京区《きょうとふきょうとしなかぎょうく》）の修築《しゅうちく》に携《たずさ》わる。

寛永《かんえい》三（1626）年《ねん》

この年《とし》、高虎《たかとら》、江戸上野《えどうえの》東叡山寛永寺《とうえいざんかんえいじ》（現《げん》・東京都台東区《とうきょうとたいとうく》）の造営《ぞうえい》に関与《かんよ》する。

寛永《かんえい》四（1627）年《ねん》

この年《とし》、高虎《たかとら》、東叡山寛永寺《とうえいざんかんえいじ》に東照社《とうしょうしゃ》を奉納《ほうのう》する。

寛永《かんえい》五（1628）年《ねん》

この年《とし》、高虎《たかとら》、大坂《おおさか》の陣《じん》の戦死者《せんししゃ》を弔《とむら》うため、京都南禅寺《きょうとなんぜんじ》（現《げん》・京都府京都市左京区《きょうとふきょうとしさきょうく》）に山門《さんもん》を寄進《きしん》する。

寛永《かんえい》七（1630）年《ねん》

この年《とし》、高虎《たかとら》、眼疾《がんしつ》により失明《しつめい》する。
十月《がつ》五日《いつか》、高虎《たかとら》、江戸《えど》の藩邸《はんてい》で没《ぼっ》する。享年《きょうねん》七十五。
江戸上野《えどうえの》の寒松院《かんしょういん》（現《げん》・東京都台東区《とうきょうとたいとうく》）に葬《ほうむ》られる。

参考文献《さんこうぶんけん》

戦国クライマックス！ 関ヶ原30人の武将烈伝　加来耕三著　講談社
人物文庫　戦国軍師列伝　加来耕三著　学陽書房
青春文庫　図説「生きる力」は日本史に学べ 一人の男に注目してこそ、人生はおもしろい
　加来耕三著　青春出版社
戦国武将に学ぶ！リバイバル術　ビジネス逆境時代に復活せよ!　加来耕三著　大和出版
図説日本の城郭シリーズ4　築城の名手 藤堂高虎　福井健二著　戎光祥出版
高虎さんのはなし　西田久光執筆　津市・津市教育委員会編　津市・津市教育委員会
歴史街道 2017年7月号　PHP研究所
週刊 日本の100人77号　藤堂高虎　デアゴスティーニ・ジャパン
PHP文庫　藤堂高虎 家康の晩年の腹心、その生涯　徳永真一郎著　PHP研究所

著者略歴

加来耕三：企画・構成・監修

歴史家・作家。1958年、大阪府大阪市生まれ。1981年、奈良大学文学部史学科卒業。主な著書に、『財閥を築いた男たち』『徳川三代記』『ifの日本史「もしも」で見えてくる、歴史の可能性』『上杉謙信』『直江兼続』（いずれもポプラ社）、『歴史に学ぶ自己再生の理論』（論創社）、『1868 明治が始まった年への旅』（時事通信社）、『利休と戦国武将 十五人の「利休七哲」』（淡交社）などがある。「コミック版 日本の歴史シリーズ」「学習まんが歴史で感動！シリーズ」（いずれもポプラ社）の企画・構成・監修やテレビ・ラジオ番組の監修・出演も少なくない。

水谷俊樹：原作

作家。1979年、三重県尾鷲市生まれ。（株）加来耕三事務所勤務のかたわら執筆活動を開始し、2008年に独立。現在は歴史ジャンルを中心に作家・原作者として活動する一方、東京コミュニケーションアート専門学校で講師を務める。主な作品に、『壬生狼FILE』（朝日ソノラマ）、『CD付「朗読少女」とあらすじで読む日本史』（中経出版）のほか、原作を提供したものに『戦国人物伝 井伊直政』（「コミック版 日本の歴史シリーズ」）『エルトゥールル号遭難事件 日本とトルコの絆』（「学習まんが歴史で感動！シリーズ」いずれもポプラ社）などがある。

横山 仁：作画

漫画家。茨城県生まれ。2001年2月、『ヤングキング別冊キングダム』（少年画報社）掲載の「暴力少女」でデビュー。おもな作品に、『亡国のイージス』（原作：福井晴敏／講談社）、『Xゲーム』（原作：山田悠介）『大帝の剣』（原作：夢枕獏）『戦国ゾンビ』（原案：柴田一成）『幕末ゾンビ』（いずれも幻冬舎コミックス）、『！』（原作：二宮敦人／アルファポリス）などがある。

コミック版 日本の歴史㊼

戦国人物伝

藤堂高虎

2018年12月　第1刷
2019年11月　第3刷

企画・構成・監修　加来耕三《かくこうぞう》
原　　　　作　水谷俊樹《みずたにとしき》
作　　　　画　横山《よこやま》 仁《じん》

カバーデザイン　竹内亮輔＋梅田裕一〔crazy force〕

発　行　者　千葉 均
編　　　集　森田礼子
発　行　所　株式会社ポプラ社
〒102-8519　東京都千代田区麹町4-2-6
☎03-5877-8108（編集）☎03-5877-8109（営業）
ホームページ　www.poplar.co.jp
印　刷　所　今井印刷株式会社
製　本　所　島田製本株式会社
電植製版　株式会社オノ・エーワン

ISBN978-4-591-16076-3 N.D.C.289 127p 22cm　Printed in Japan

P7047067

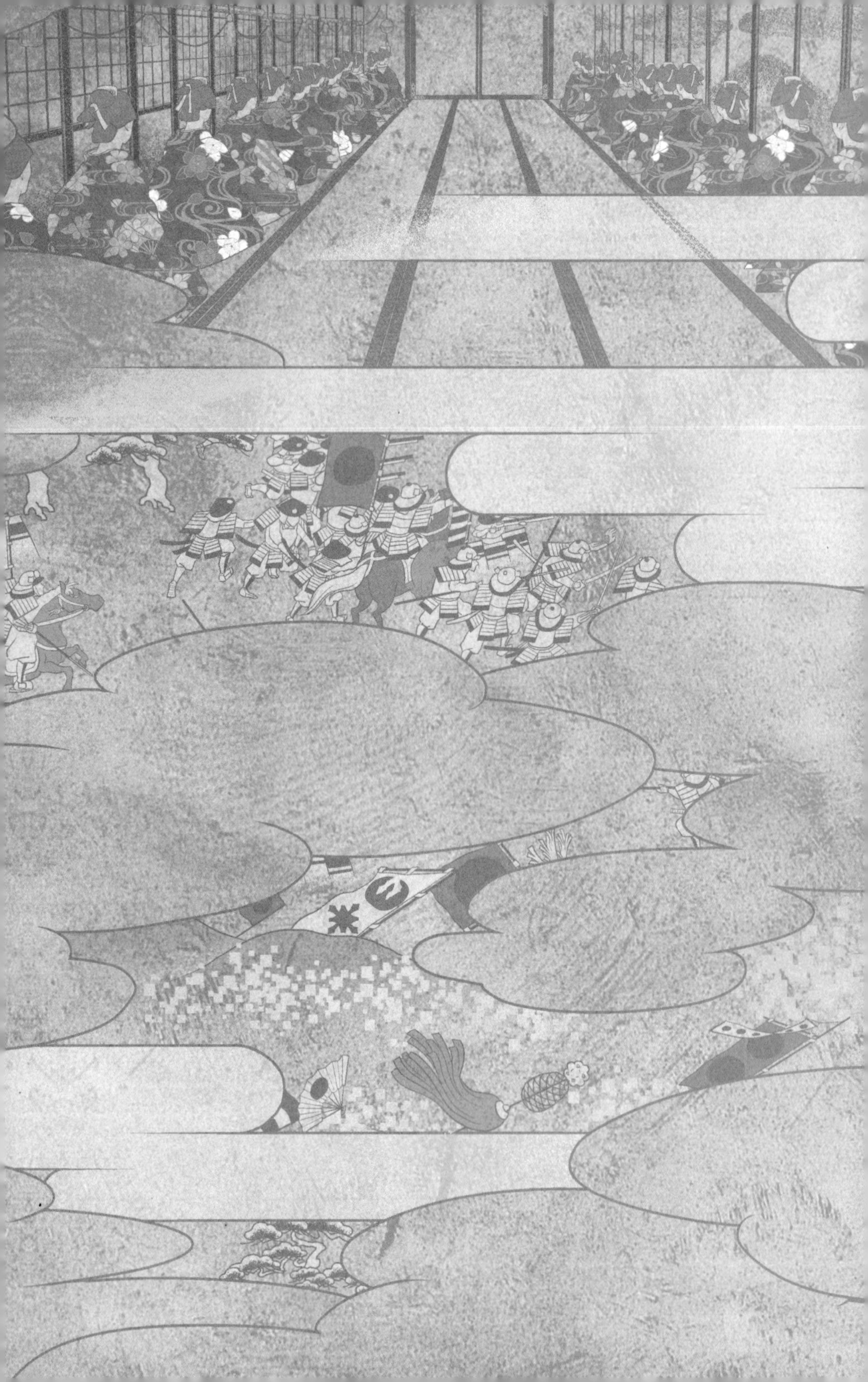